KÖNIGS FURT

Zum Buch

Durch Liebe kann man sich sehr verändern, wie durch die Erfahrung von Freude und Glück. Durch die Liebe bekommt man so etwas wie eine neue Haut – in der Sprache der Märchen wird das so ausgedrückt, daß eine Tierhaut abgelegt wird. In dem Märchen »Schweinehaut« ist es ein Mädchen, im »Eselein« ein Junge – sie können aus hemmenden Verflechtungen herauswachsen und dazu eine alte Familienhaut abstreifen, sich häuten. Mit dieser Wandlung fängt ein neues Kapitel der Liebe an ...

Zur Autorin

Verena Kast, Dr. phil., geb. 1943, studierte Psychologie, Philosophie und Literatur in Zürich. Sie ist Dozentin und Lehranalytikerin am C. G. Jung-Institut Zürich und Psychotherapeutin in eigener Praxis. Außerdem ist sie Präsidentin der Gesellschaft für Analytische Psychologie und Vorsitzende der Internationalen Gesellschaft für Tiefenpsychologie. Durch ihre zahlreichen Publikationen ist sie einem breiten Publikum bekannt.

Verena Kast

Liebe im Märchen

Königsfurt

Die Deutsche Bibliothek – CIP-Einheitsaufnahme
Ein Titeldatensatz für diese Publikation ist bei Der
Deutschen Bibliothek erhältlich.

Taschenbuchausgabe
Krummwisch 2001

Königsfurt Verlag
D-24796 Krummwisch bei Kiel
www.koenigsfurt.com

© 1992 by Patmos Verlag, GmbH & Co KG,
Walter Verlag, Düsseldorf und Zürich

Umschlaggestaltung: Init, Bielefeld
unter Verwendung eines Motivs von AKG, Berlin

Satz: Satzbüro Noch, Witten
Gesetzt aus der Sabon und der Didot

Druck und Bindearbeiten: Elsnerdruck, Berlin

ISBN 3-89875-012-4

Inhalt

Vorwort – 7

Einführung – 9

Eine neue Haut durch die Liebe – 15
Schweinehaut – 15
Das Eselein – 31

Das innere Bild
und der wirkliche Mensch – 49
Der grüne Ritter – 52
Der Pilger – 72

Beziehung statt Zerstörung – 99
*Die Frau, die auszog,
sich ihren Mann zurückzuerobern* – 99

Abschliessende Bemerkungen – 120
Anmerkungen – 122
Literatur – 124

Vorwort

Die Märcheninterpretationen dieses Bandes wurden 1991 auf den Lindauer Psychotherapiewochen vorgetragen, nachdem ich die meisten dieser Märchen auch in Seminaren mit meinen Studentinnen und Studenten mit verschiedenen Methoden beleuchtet habe.

Die Folge stand unter dem Thema: Liebe im Märchen.

Ich bedanke mich bei allen, die mich durch interessiertes Mitgehen angeregt haben.

Sehr dankbar bin ich meiner Tochter, die mit viel Energie und Ausdauer die Endfassung meines Manuskriptes hergestellt hat.

Verena Kast

Einführung

Etwa vier Fünftel aller Märchen sind Liebesgeschichten oder zumindest Beziehungsgeschichten.[1] Und dennoch: Da ist wenig oder nichts von erotischem Kitzel; auch sexuelle Andeutungen lassen uns meistens eher unberührt. Da muß etwa eine Prinzessin, um zu einem tanzenden Schwein zu kommen, den Rock erst über das Knie heben, dann über die Hüfte, dann den Rock ganz ausziehen, so daß der Schweinehirt oder der Dummling sieht, daß sie ein goldenes und silbernes Haar unter der Achsel hat, und sie daran später erkennt.[2] Aber die Beschreibung dieser Szene mutet nicht sexuell an, das Märchen spricht eine andere, mehr symbolische Sprache. Schaut man genauer hin, dann hat das Märchen auch wesentlich mehr mit Behinderungen und mit Verhinderungen der Liebe zu tun als mit der Liebe selbst, die dann eben bewältigt werden müssen, die abgearbeitet werden müssen, so daß zum Schluß die beiden sich »haben«. Und das ist ja dann das, was uns normalerweise am Märchen recht ärgert: Wo im normalen Leben die Probleme anfangen, da hören sie, so meint man – bei den Märchenpaaren auf. Wenn sie einander einmal haben, dann ist alles in bester Ordnung – dann »leben sie glücklich bis an ihr Ende ...«

Nun kann man Märchen aber auch ganz anders sehen: Dieses immer wieder Nacheinander-auf-die-Suche-Gehen kann man auch als Prozeß innerhalb eines Paares verstehen. Dann vermittelt uns das Märchen die Botschaft, daß wir uns eigentlich in einer Beziehung nie »haben«, sondern daß wir immer wieder neu auf der Suche zueinander sind, und auf dieser Suche zueinander muß immer wieder etwas abgearbeitet werden, bewältigt werden. Und natürlich läßt das Märchen mit seiner Hoffnung auf ein gutes Ende auch uns hoffen, daß diese Probleme angehbar sind, daß sie bewältigt werden können.

Märchen beginnen immer mit einem Problem in der Ausgangssituation; der Träger oder die Trägerin der Handlung legen dann einen weiten Weg zurück, auf dem sie Erfahrungen machen; das heißt, durch diesen Weg entwickeln sie sich, und dadurch wird das eingangs geschilderte Problem überwachsen. Das Problem wird also nicht direkt gelöst; größere Probleme werden im Märchen gelöst, indem der Märchenheld oder die Märchenheldin sich entwickelt. Dazu ein mir sehr wesentlicher Satz von Jung: »Die wichtigsten Lebensprobleme können nicht gelöst, sondern nur überwachsen werden.«[3]

Das heißt nun natürlich nicht, daß wir jedes Problem anstehen lassen können, bis wir uns einmal wirklich entwickelt haben. Sehr viele kleinere Probleme und damit verbundene Konflikte müssen durchaus angegangen werden oder zumindest deutlich gesehen und ausgehalten werden.

Im Märchen wird durch den Entwicklungsweg, den der Held oder die Heldin zurücklegt, das eingangs geschilderte Problem überwachsen, und sozusagen als Beiprodukt zur Lösung des Problems im Märchen haben wir sehr oft am Schluß ein Paar, das sich gefunden hat, verbunden mit dem Aufblitzen von Liebe. Und so können Märchen als Beziehungsgeschichten verstanden werden, aber sie können natürlich auch die ewige Suche nach dem innerseelischen Gleichgewicht abbilden: Betrachtet man das Märchen als eine Geschichte, die von einem Menschen erzählt wird, und nicht so sehr auf das Paar hin, dann zeigt sich nämlich, daß es dem Märchen immer auch darum geht, daß Männliches und Weibliches in der eigenen Psyche eines Menschen in eine gute Gewichtung zusammenkommen – gelingt das punktuell, dann ist das auch eine »hohe Zeit«, Ausdruck für geglücktes Leben. Man darf allerdings nicht vergessen, daß im 19. Jahrhundert, als viele Märchen aufgezeichnet wurden, nicht jedermann heiraten konnte. Dazu brauchte man nämlich Geld – und das hatten nicht alle Menschen, und deshalb war heiraten können über die persönliche Befriedigung hinaus auch noch ein Zeichen für den sozialen Aufstieg. Das war dann vielfach geglücktes Leben.

Wenn wir uns mit Märchen deutend beschäftigen, dann betrachten wir Helden oder Heldinnen als Modellfiguren, die in das am Anfang der Märchen geschilderte ursprüngliche Problem hineingestellt werden und die durch ihren Entwicklungsweg, durch die Erfahrungen, die sie machen, eben diese Probleme überwinden. Wenn wir bei einer Interpretation auf einen männlichen oder einen weiblichen Protagonisten schwenken, betrachten wir diese Person als Hauptträger oder Hauptträgerin der Handlung, und andere Personen stellen dann Persönlichkeitszüge dieser Hauptfigur dar. Begegnet der Held zum Beispiel dem Wolf im Märchen, dann heißt das, daß er seiner wölfischen Seite begegnet.

Manchmal – und das wird bei den vorliegenden Märchen sehr oft der Fall sein – spielen zwei Menschen eine tragende Rolle. In den Märchen, bei denen Beziehung und Liebe im

Vordergrund stehen, ist das meistens der Fall. Im Zuge der Interpretation ist es dann möglich, von einem zum anderen zu schwenken.

Die Liebe oder die Beziehung steht bei den Märchen nie im luftleeren Raum. Märchen beginnen, wie schon gesagt, immer mit der Schilderung eines Problems. Die Frage bei den Märchen ist deshalb: Wie kann man mit einem bestimmten Problem, das das eigene Leben prägt, überhaupt zur Liebe finden? Wie muß man mit diesem ganz speziellen Problem, etwa eine zu starke Bindung an den Vater, eine Ablehnung von der Mutter, so leben, daß man zu einem anderen Menschen hinfinden kann?

Es gibt drei große Hauptkategorien von Märchen, die mit Liebe und Beziehung zu tun haben.

Die eine Hauptkategorie kreist um das Thema: Durch die Liebe bekommt man so etwas wie eine neue Haut. Ich habe in meinem Buch »Paare«[4] anhand der Beziehungsphantasien gezeigt, daß man sich durch die Liebe sehr verändern kann. Nicht nur durch das Aushalten von Kummer und von Trauer verändert man sich, sondern durchaus auch durch das Erleben von Freude und Glück. Wenn wir zum Beispiel verliebt sind, dann sehen wir ja meistens auch ein bißchen anders aus: Wenn Menschen, die sonst relativ zerknittert daherkommen, plötzlich so strahlend auftreten, fragen wir bei uns in Mitteleuropa nicht: Hast du eine neue Arbeit? sondern wir fragen, vorsichtig natürlich, wie wir sind: Hast du vielleicht eine neue Liebe? oder: Was ist denn bei dir geschehen? In der Märchensprache heißt das: Man hat eine Schweinehaut, eine Eselshaut usw. abgestreift. Sich-häuten-Können ist eines der grundlegenden Bilder für Wandlung. Häuten heißt ja auch, aus der alten Haut zu fahren, damit man in einer neuen Haut leben kann.

Sich verlieben wird im Märchen meistens in Zusammenhang mit der Adoleszenz dargestellt – und diese ist auch eine ausgezeichnete Chance, sich aus den Elternkomplexen herauszulösen, die »Familienhaut« abzuwerfen, die eigene Haut zu tragen. Insofern hat Sich-Häuten auch mit der Ablösung von der Herkunftsfamilie zu tun.

Ein zweiter großer Teil der Märchen, in denen Liebe eine Rolle spielt, zeigt auf, daß Liebe etwas mit einem inneren Bild zu tun haben kann. So wird etwa in einem verbotenen Zimmer unerlaubterweise ein Bild von einer wunderschönen Frau gesehen; der Märchenheld fällt zunächst in Ohnmacht, wird dann aber von einer unzerstörbaren, unbeirrbaren Sehnsucht gepackt. Dieses innere Bild, das was wir als Anima- oder Animusgestalt im Sinne der oder des geheimnisvollen Fremden bezeichnen, die ja auch hinter der primären Idealisierung in der Liebe stehen, wird dann wegweisend für die Suche nach der Partnerin oder dem Partner.

Ein dritter, sehr großer Teil der Märchen handelt davon, wie man mit destruktiv wirkenden Kräften umgeht, die die Liebe zerstören wollen. Aus diesen drei Themenbereichen stammen die Märchen in diesem Band.

Zunächst noch eine Vorbemerkung: Märchen sprechen in einer Symbolsprache, einer Bildersprache. Wenn wir uns auf die Märchen einlassen, dann sprechen diese Bilder auch die Bilder in unserer Psyche an. Das heißt also, wir können auf einen Schatz von Bildern zurückgreifen, die in unserer Psyche da sind, die nur eben evoziert, die hervorgerufen werden müssen.[5] Wenn wir uns hier mit Märchen beschäftigen, werden diese Bilder hervorgerufen in unserer Psyche. Die Bilder der Märchen bringen die Bilder in unserer Psyche in Bewegung. Das heißt aber, daß wir dort, wo uns das Märchen anspricht, lebendiger werden, emotional betroffener.

Zudem werden unsere Bilder in den Entwicklungsprozeß des Märchens hineingestellt; Probleme, die auch uns betreffen, werden auf diese Weise imaginativ in eine Hoffnungsperspektive mit hineingenommen. Hoffnung auf Veränderung, Phantasie für Veränderung, stellt sich ein.[6] Deshalb ist es sinnvoll, sich die Märchen möglichst bildhaft vorzustellen. Das gelingt am leichtesten, wenn wir uns ein Märchen vorlesen lassen.

Die Bilder, die am lebendigsten sind in der Vorstellung, die uns am meisten faszinieren oder die uns am meisten ärgern, haben in der Regel mit unseren Eigenheiten und Problemen, aber auch mit unseren Entwicklungsmöglichkeiten zu tun.

Eine neue Haut durch die Liebe

Schweinehaut[7]

Ein Großfürst hatte eine wunderschöne Frau, die liebte er über alle Maßen. Als die Fürstin starb, hinterließ sie ihm eine einzige Tochter, die war ihrer Mutter so ähnlich wie ein Tropfen Wasser dem anderen. Der Großfürst sprach: »Liebe Tochter! Nun will ich dich heiraten.« Sie ging auf den Friedhof zu dem Grab ihrer Mutter und weinte herzzerreißend. Da sprach die Mutter: »Laß dir ein Kleid kaufen, es soll über und über mit Sternen besetzt sein.« Der Vater kaufte ihr ein solches Kleid und begehrte sie noch heftiger. Die Tochter ging abermals zu ihrer Mutter, die Mutter sprach: »Laß dir ein Kleid kaufen, auf dem Rücken soll der helle Mond leuchten, auf der Brust die helle Sonne.« Der Vater kaufte ihr ein solches Kleid und begehrte sie noch heftiger. Da ging die Tochter noch einmal auf den Friedhof und weinte herzzerreißend: »Mütterchen, der Vater begehrt mich noch heftiger.« – »Dann, Kindchen«, antwortete die Mutter, »laß dir ein Kleid aus Schweinehaut nähen.« Der Vater befahl, ein Kleid aus Schweinehaut zu nähen. Sobald die Schweinehaut zusammengenäht war, schlüpfte die Tochter hinein. Der Vater spie sie an, jagte sie aus dem Haus und gönnte ihr weder eine Magd noch Brot auf den Weg. Sie schlug ein Kreuz über ihre Augen und trat aus dem Tor hinaus. »Ich will nach Gottes Ratschluß wandern!« Sie wanderte einen Tag, sie wanderte einen zweiten Tag, sie wanderte einen dritten Tag und kam in ein fremdes Land.

Auf einmal zogen Wolken auf, ein Gewitter brach los. Wo sollte sie sich vor dem Regen schützen? Da sah die Prinzessin eine riesige Eiche. Sie kletterte hinauf und setzte sich auf einen dichtbelaubten Ast. Ein Zarensohn jagte um dieselbe Zeit in der Nähe. Als er an der Eiche vorbeifuhr, waren seine Hunde kaum zu halten, sie bellten, zogen und ließen sich nicht beruhigen. Der Zarewitsch wollte wissen, warum seine Hunde den Baum anbellten. Er schickte seinen Diener zur Eiche; der Diener kehrte zurück und sagte: »Ach, Majestät! Auf der Eiche sitzt ein Tier, das kein Tier ist, sondern das Wunder aller Wunder!« Der Zarensohn trat an die Eiche und fragte: »Was bist du für ein Wundertier? Kannst du sprechen?« Die Prinzessin antwortete: »Ich bin Schweinehaut.« Der Zarewitsch fuhr nicht weiter, jagte nicht länger, sondern hob Schweinehaut in seine Kutsche und sprach: »Ich will dieses Wundertier meinen Eltern zeigen!« Der Vater und die Mutter staunten und wiesen ihr eine besondere Kammer an.

Kurze Zeit darauf lud der Zar zu einem Ball. Alle Hofleute waren dabei und amüsierten sich. Da fragte Schweinehaut einen Diener: »Darf ich mich an die Tür stellen und bei dem Fest zuschauen?« – »Das ist nichts für dich, Schweinehaut!« Da ging sie ins freie Feld hinaus und legte ein strahlendes Kleid an, über und über mit Sternen besetzt! Dann pfiff sie und rief mit lauter Stimme, und schon fuhr eine Kutsche vor; sie stieg ein und ließ sich zu dem Ball fahren. Sie kam und tanzte ohne Unterlaß. Alle staunten: Wer war diese schöne Fremde? Nachdem sie genug getanzt hatte, verschwand sie unbemerkt; sie zog wieder die Schweinehaut über und schlüpfte in ihre Kammer. Der Zarewitsch kam zu ihr und fragte: »Bist du vielleicht die Schöne, die auf dem Ball tanzte?« Sie antwortete: »Wie soll ich, Schweinehaut, tanzen? Ich habe nur eine Weile an der Tür gestanden.«

Und wiederum lud der Zar zu einem Ball. Schweinehaut bat um Erlaubnis, ein wenig durch den Spalt zu spähen. »Das ist nichts für dich!« Sie ging ins freie Feld, sie pfiff und rief – nicht nach Räuberart, sondern mit ihrer Mädchenstimme –, und schon fuhr die Kutsche vor; sie streifte die Schweinehaut ab und zog ein Kleid an: auf dem Rücken leuchtete der helle Mond, auf der Brust die goldene Sonne! Sie kam und tanzte ohne Unterlaß. Die Gäste ließen kein Auge von ihr. Nachdem sie genug getanzt hatte, verschwand sie unbemerkt. »Was können wir jetzt tun?« sagte der Zarensohn. »Wie können wir erfahren, wer diese Schöne ist?« Und schließlich verfiel er darauf, die erste Treppenstufe mit Pech zu bestreichen, damit ihr Schühchen daran kleben bliebe.

Bei dem dritten Ball war die Prinzessin noch schöner anzusehen, aber als sie den Palast verlassen wollte, blieb ihr Schühchen an dem Pech kleben. Der Zarewitsch hob das Schühchen auf und zog damit durch das ganze Land, um das Mädchen zu finden, dem dieses Schühchen paßte. Er reiste durch sein ganzes Reich – keiner wollte das Schühchen passen. Er kehrte nach Hause zurück, ging zu Schweinehaut und sagte: »Zeig mir deine Füße!« Sie zeigte ihm ihre Füße. Er probierte ihr den Schuh an – der Schuh saß wie angegossen. Der Zarewitsch schlitzte die Schweinehaut auf und zog sie ihr aus. Darauf nahm er die Prinzessin an ihrer weißen Hand und ging mit ihr zu seinen Eltern, um sie um ihren Segen für seine Vermählung zu bitten. Der Zar und die Zarin segneten die beiden. Bald darauf feierten sie Hochzeit; der Zarewitsch fragte seine Frau: »Warum hattest du die Schweinehaut übergezogen?« – »Weil ich meiner seligen Mutter ähnlich bin«, antwortete sie, »und mein Vater mich zur Frau nehmen wollte.«

─

Es geht in diesem Märchen um den Weg in eine Beziehung zu einem gleichaltrigen Mann von einer Frau, die zunächst zu sehr von ihrem Vater begehrt wird. Als Eingangsproblem wird uns eine Trennungsproblematik geschildert, und zwar bei einer Familie, bei der sehr große Nähe üblich war. Der Vater liebte die Mutter über alle Maßen: Vielleicht mußte sie deshalb sterben, denn über alle Maßen geliebt zu werden, ist schon ein bißchen viel, unmäßig. Tochter und Mutter gleichen sich wie ein Tropfen dem anderen, das heißt, sie sind identisch; die Tochter ist nicht wirklich eine eigenständige Frau, sondern noch ganz identifiziert mit der Mutter. Eine radikale Veränderung steht an: im Märchen dadurch ausgedrückt, daß die Mutter stirbt. Die Trennungsproblematik wird aber auch jetzt nicht bewältigt, sondern zunächst verdrängt. Die alten Zustände sollen wiederhergestellt werden. Der Vater sagt ohne Zögern: »Liebe Tochter! Nun will ich dich heiraten.«

Wir haben also das Thema des Inzest vor uns, wobei man diesen Inzest ganz konkret oder aber symbolisch sehen kann: Der Vater will die alten Zustände wiederherstellen, einen Verlust also so wettmachen, daß er das nächstbeste Substitutionsobjekt nimmt, um dies zu erreichen und die Wirkung des Verlustes möglichst auszuschalten. Vom Mädchen oder von der jungen Frau aus heißt das in jedem Fall, daß sie sich nicht aus dem Elternhaus herausentwickeln kann. Nichts bindet so sehr und so leidenschaftlich an die Eltern wie sexuelle Beziehungen. Symbolisch aufgefaßt bedeutet der Inzest, daß dieses sehr symbiotische Familiensystem bewirkt, daß die Tochter immer nur denken darf, was der Vater denkt, nur fühlen, was der Vater für richtig und für sie für passend hält.

Das ist ein weitreichendes Problem: Es gibt sehr viele Frauen, die eine sogenannte abgeleitete Identität haben. Sie werden nicht zu Frauen, die mit sich selber identisch sind, was eine Auseinandersetzung auch mit dem Mutterkomplex bedingt, sondern sie lassen sich vom Vater und dann von Vatergestalten eine Daseinsberechtigung geben und auch eine Identität verschreiben.[8]

Was auf der Identitätsebene möglich ist, gibt es auch auf der Denkebene: Wenn in der Wissenschaft immer nur das gilt, was man zitieren kann, dann bleiben wir immer im Gedankenschutz der Väter. Dann ist für Originalität oder für die Zukunft, für die Vision überhaupt kein Platz.

Dieses Inzestuöse, das uns in diesem Märchen in einer liebevollen Art – was es möglicherweise noch schlimmer macht – entgegentritt, ist ein sehr weit verbreitetes Problem. Es reicht vom persönlichen, konkreten Inzest, der mit einer ungeheuren Verletzung der Würde der Tochter einhergeht, bis hin zu einer Vereinnahmung ins Geistige hinein, die es ihr auch unmöglich macht, sie selbst zu sein.

Das Märchen »Schweinehaut« zeigt einen Weg aus dieser blockierenden Situation – ein Weg, der den inzestuös geschändeten Töchtern oft nicht offensteht. Es ist ein Entwicklungsweg, der auf der ursprünglichen Beziehung zur guten Mutter gründet. Die gute Mutter, sie ist gestorben. Entweder ist das konkret zu verstehen oder symbolisch als Ausdruck dafür, daß sie nicht mehr wirksam ist im Leben dieses Mädchens. Das Mädchen muß sich so oder so von ihr ablösen. Aber sie hat ihre gute Mutter verinnerlicht: Die Mutter, sowohl als Modell für ein Frauenleben als auch in Gestalt von »mütterlichen Ratschlägen«, ist in ihrer Erinnerung präsent. Deshalb kann sie auf Mutters Grab gehen und mit ihr sprechen. Die Ratschläge allerdings, die die Mutter ihr gibt, erscheinen uns auf den ersten Blick doch recht sonderbar zu sein. Sie soll sich ein Kleid geben lassen, über und über mit Sternen besetzt, und später ein Kleid, das auf dem Rücken den Mond und auf der Brust die Sonne abbildet.

Wir wissen aus dem Fortgang des Märchens, daß der Vater sie daraufhin nur noch mehr begehrt. Denn in einem Sternenkleid, in einem Sonne-und-Mond-Kleid, da erscheint die Tochter sozusagen als ein kosmisches Prinzip, nicht mehr bloß als ein Mädchen. Eine Anima mundi sozusagen, fast überirdisch, strahlend; und dieses Strahlen hat sie ganz deutlich auch noch aus der Identität mit der Mutter, mit dieser wunderbaren Frau. Sie könnte also in diesen Kleidern noch mehr die Liebesprojektion des Vaters auf sich ziehen: »Du bist für mich wie die Sonne, du bist für mich wie der Mond, du bist für mich wie die Sterne am Himmel«, müßte er ihr sagen. Das sind Worte, die Liebende zueinander sagen. Psychologisch gesehen findet eine grandiose Idealisierung statt. Der Vater idealisiert seine Tochter, oder allgemeiner: Die Männer idealisieren die Frauen. Diese Idealisierung entspricht einer unpersönlichen Bewunderung und nicht einer lebendigen Beziehung. Die Verzweiflung der Tochter wird denn auch vom Vater überhaupt nicht gesehen; wäre er auf sie bezogen, müßte er sie sehen. Es geht nur um Schönheit, um Faszination. Es geht auch darum, daß die Frau, die er begehrt, besonders ist.

Warum hat die Mutter geraten, sich als erstes schöne Kleider vom Vater zu wünschen? Jede Komplexkonstellation, die unser Leben deutlich prägt, so schwierig sie auch sein mag, hat auch ihre Vorteile, ihre fördernden Wirkungen auf unser Leben.[9] Und mit einem Vaterkomplex, bei dem der ihn auslösende Vater positiv mutterkomplexig ist, unter anderem also auch erotisch aufgeladen, kann sich eine Frau sehr viel Bewunderung holen und dadurch auch das Lebens- und Selbstgefühl, daß sie auch ein strahlendes, die Männer verzauberndes Wesen ist. Und dieses Gefühl und diese Wirkung muß sie ja nicht aufgeben, bloß weil diese Lebensperspektive zu einfach und zu naiv ist und es deshalb Probleme geben muß.

Die Märchen raten immer wieder, alles was durch eine Komplexkonstellation an Lebensmöglichkeiten belebt worden ist, auszuschöpfen. Deshalb sagt die Mutter zu ihr, sie soll sich diese Sternen- und Sonne-und-Mond-Kleider wünschen, die sie zum »Star« machen. Sie ist dann wunderschön und begehrenswert, einfach weil sie ein junges Mädchen ist und Anteil hat an dieser kosmischen Schönheit, wohl auch an den kosmischen hellen Göttinnen. Ihr eigener Verdienst ist ihre Ausstrahlung jedoch noch nicht.

Der dritte Ratschlag bringt eine Veränderung: »Laß dir ein Kleid aus Schweinehaut nähen.«

Wenn Kleider oder auch Häute in den Märchen erwähnt werden, ist es hilfreich zu überlegen, wie wir uns selber in so einem Kleid fühlen würden. Wie würden wir uns in einem Sternenkleid fühlen, wie in einem Sonne-und-Mond-Kleid, und wie wäre das Lebensgefühl in der Schweinehaut: Wir können uns auch vorstellen, wir gingen an den Fasching, an die Fastnacht als Schweinehaut kostümiert. Wir haben im Schweizerdeutsch in diesem Zusammenhang einige (einschlägige) Ausdrücke. Man fühlt sich »sauwohl«, wenn man »die Sau herausläßt«, und hat es dabei noch »saulustig«. Es könnte durchaus Freiheitsgrade bewirken, in einer solchen Schweinehaut zu stecken, zumindest vorübergehend. Überlegen wir uns aber, wie die anderen Menschen uns anschauen würden mit einer Schweinehaut, dann werden vielleicht auch noch andere Gefühle wach. Und noch einmal anders werden unsere Gefühle sein, wenn wir uns vorstellen, daß wir die Schweinehaut für längere, unbestimmte Zeit tragen müßten.

Das Märchen erzählt, daß der Vater zwar noch ganz arglos das Kleid nähen läßt – er ist unheimlich naiv, nur auf die rasche Befriedigung seiner Lust bezogen –, dann aber Gift und Galle speit. Dieser Vater erinnert an Väter, die vom ursprünglich positiven Mutterkomplex geprägt sind, die sich zu wenig Autonomie erworben haben und die ihre Töchter erotisch sehr stimulieren können. Sie können dem kleinen Mädchen das Gefühl geben: »Du siehst ganz toll aus, und du bist ganz wichtig für mich, und du wirst einmal eine ganz wunderbare Frau.« Wenn dann diese Mädchen wirklich weibliche Formen annehmen und sich auch ein bißchen verführerisch benehmen, allenfalls auch nicht dem Vater gegenüber, dann kommt sehr oft der Ausdruck: »Du bist ja eine Nutte.« Da werden sie für das, was so lange so attraktiv war und was so sehr gefördert wurde durch die Bewunderung, plötzlich bestraft. Ein Einbruch im Selbstwertgefühl der Frau ist die Folge.

Was hat es nun mit dieser Schweinehaut auf sich? Wir haben wohl an ein Wildschwein zu denken. Wildschweine, wenn man sie nicht zur Unzeit trifft, sind sehr friedliche Tiere. Sie lieben es, in Erde und Wasser zu suhlen, ganz besonders wenn Erde und Wasser so ein bißchen »wärmlich« sind. Wenn man ihnen zuschaut, kann man die Wohligkeit, die sie im Körper haben, geradezu mitspüren. Sie müssen auch ein gutes Hautgefühl haben. Sie sind gesellig, friedlich und sehr fruchtbar. Sie gelten als unspezialisierte Tiere, sind unkompliziert, haben einen guten Geruchssinn. Daß sie für uns Glückssymbole sind, hat im wesentlichen mit ihrer Fruchtbarkeit zu tun. Nun sind die Organe des Schweines sehr ähnlich den Menschenorganen – so weit ist also das Schwein von uns Menschen nicht entfernt. In der griechischen Mythologie gehört das Schwein zu Demeter und Kore, also zur großen Göttin und ihrer Tochter.[10] Das Schwein heißt auf griechisch Hys – und die Gebärmutter Hystera. Insofern hat das Schwein auch sehr viel zu tun mit der dunklen Seite der Göttin, die wir auf der lichten Seite durch die Symbole Sonne, Mond und Sterne repräsentiert sehen konnten.

Was das Mädchen im Märchen sich auf den Rat der Mutter hin anzieht, sind zunächst die Kleider der kosmischen hellen Göttin, dann aber die Kleider der dunklen Erdgöttin. Die mag man(n) nun eben weniger. Das Mädchen hat noch keine originäre Identität. Es trägt immer noch Kleider, die es bekommen hat, es steckt noch nicht in seiner eigenen Haut, aber es zeigt sich in den Identifikationen mit der großen Göttin. Daß man das Schwein nicht mag, das heißt, daß man die Erdverbundenheit der Frau, die natürlich mit Menstruation, mit Geburt, mit Tod, mit der sexuellen Seite, mit der genüßlichen körperlichen Seite, die durchaus auch dreckige Aspekte haben mag, ablehnt und entwertet. Es muß ja alles »clean« sein. In der androzentrischen Weltsicht wurden mit der Entwertung der Frau auch die Tiere entwertet, ganz besonders das Schwein. Wenn man bei uns in der Schweiz einer Frau sagt: »Du blöde Sau«, dann ist das ein ziemlich schlimmer Schimpfname; »Du blöde Kuh« ist wesentlich netter.

Was ist in den Vater gefahren, daß er so heftig reagiert? Der Vater ist wohl über die Konkretion seines Wunsches erschrocken. Für ihn ist eine Frau zum Bewundern da. Deshalb liebt er sie auch *über* alle Maßen, also unmäßig. Wenn sie nicht zu bewundern ist, dann ist sie eben zu verachten. Jetzt speit er sie an, jagt sie fort.

Das Mädchen selber schlägt ein Kreuz und geht auf den Weg nach Gottes Ratschluß. Das ist etwas, was das Märchen uns immer wieder vermittelt: Wenn einmal ein guter Vater dagewesen ist, dann kann man die Erfahrungen mit ihm, das Vertrauen, das man zu ihm hat, auch auf den Großen Vater übertragen, und im Märchen ist dieser Sachverhalt ausgedrückt im Satz: »Sie geht nach Gottes Ratschluß.«

Drei Tage geht sie und kommt in ein fremdes Land: Sie betritt nun Neuland. Das ist ganz entscheidend. Sie ist nicht mehr komplexhaft an ihre Herkunft gebunden, sondern sie kann hinausgehen in die große Welt. Die Wolken und das Gewitter kündigen an, daß sich die konflikthaften Spannungen lösen werden. Schutz vor dem Gewitter sucht Schweinehaut nun ausgerechnet auf einer riesigen Eiche. Jedes Kind weiß, daß die Eichen den Blitz anziehen. Wenn sie nun auf der Eiche Schutz sucht vor dem Gewitter, dann braucht sie zwar Schutz, aber der Blitz soll durchaus einschlagen. Der Blitz ist mythologisch das Feuer des Zeus, der es von oben auf die Erde schleudert, der Fruchtbarkeit bringt. Der Blitz hat auch Verbindung zur erotischen und sexuellen Liebe: »Bei dem oder der hat der Blitz eingeschlagen«, sagen wir, oder: »Es hat eingeschlagen wie ein Blitz.«

Der Baum ist immer eine Zufluchtsstätte vor angreifenden Tieren, eine Stätte des Schutzes. Nun haben wir aber einen bestimmten Baum – eine Eiche. Eichen sind sehr stattliche Bäume, früher waren sie Nahrungsbäume –, und die Eicheln sind natürlich auch Nahrung für die Wildschweine. Die Bäume sind nicht nur Symbole für Zufluchtsstätten, für Schutz: In der Mythologie werden Götter unter den Bäumen geboren. Das heißt auch, daß Götter als Geburtshelfer da sind, daß alles bereit ist für einen Neubeginn. Ein Neubeginn im Zeichen der Eiche. Die Eiche gehört zu Jupiter und Zeus, zu denen auch die Blitze gehören. Eichen haben sehr viel mit religiösen, moralischen und rechtlichen Gefühlen zu tun. Man hat sehr lange noch unter den Eichen Recht gesprochen. Sie galten auch als Freiheitsbäume. Unter den Linden, da sitzen die Verliebten, da geht man tanzen, da sind die Feen usw. Undenkbar: eine Fee unter der Eiche. Eichen sind Bäume, die haben mehr zu tun mit Freiheit und Ordnung.

Dieses Mädchen hat den Vaterbereich verlassen, es wird nicht mehr bewundert, es ist allein, auf sich gestellt. Die Frage der eigenen Identität ist nun ganz zentral. Aber es hat das Lebensgefühl – und das, meine ich, ist in der Eiche als Aufenthaltsort ausgedrückt – von Schutz und Geborgenheit behalten. Es behält das Gefühl, es werde schon irgendwie weitergehen, es müsse eine zuverlässige Festigkeit im Leben geben – es bleibe auch weiterhin eingebunden in eine Weltordnung, es werde letztlich schon zu seinem Recht kommen. Und das alles miteinander könnte Schweinehaut ein Gefühl von ängstlich-hoffnungsvoller Freiheit geben.

Tiefenpsychologisch gesehen heißt das: Auch wenn wir uns von den persönlichen Eltern ablösen, auch allenfalls abrupt abgrenzen, eine radikale Trennung vollziehen – gute und auch schlechte Anteile von Vater und Mutter, die wir verinnerlicht haben, gute und schlechte väterliche und mütterliche Seiten, die durch die Eltern geweckt worden sind, die nehmen wir mit uns, die tragen wir mit uns.

In diesem Märchen ist deutlich die Anwesenheit der Geborgenheit spendenden Mutter zu spüren, aber auch die des eine Weltordnung verkörpernden Vaters.

Gerade jetzt – eine »Neugeburt« ist ja fällig – tritt ein Zarensohn auf. Dieser Zarensohn jagt so im Wald vor sich hin. Seine Hunde nehmen Witterung auf. Er ist wohl in einer Verfassung, in der er Bereitschaft zeigt, sich auf Verborgenes, auf Unerwartetes, auf den glücklichen Zufall einzulassen. Er läßt seine instinktive Spürnase etwas spielen: »Wo gibt es etwas für mich zu jagen?« Eine latente sexuelle Bereitschaft könnte damit angedeutet sein. Aber er ist ein Jäger, und Jäger gehen nicht einfach jedem Wild nach, sondern sie versuchen eigentlich, sehr genau herauszufinden, welches Wild man dingfest machen muß und welches man weiterleben lassen soll. Übertragen würde das heißen, daß er durchaus daran ist, seine Triebkräfte ein bißchen zu disziplinieren. Aber er ist in einer Bereitschaftsstellung; und er läßt sich auf diesen animalisch vegetativen Bereich selbstverständlich ein, den der Vater am Beginn des Märchens so gar nicht zulassen konnte. Deshalb auch die Bemerkung: »Auf dem Baum sitzt das Wunder aller Wunder.« Schweinehaut wird nun bewundert für ihre Schweinehaut, und hier ist – meine ich – wirklich der Umschlagspunkt in diesem Märchen. Vater hat gespieen, und jetzt kommt da ein Mann und sagt: »Das ist das Wunder aller Wunder.« Sie ist erkannt. Sie ist auch akzeptiert als Schweinehaut. Der Zarensohn begehrt sie aber nicht einfach als Schweinehaut, das wäre ja genauso einseitig, wie einfach eine »Sternenfrau« zu wollen, eine Sternenprinzessin – sondern er fragt sofort: »Kannst du sprechen?« Beim Vater war sie sprachlos, jetzt kann sie sprechen und sagt: »Ich bin Schweinehaut.« Sie identifiziert sich also mit ihrer Haut. Sie sagt damit: »Ich bin im Moment ein unteres Tier. Ich bin vielleicht schmutzig, sexuell, aber auch verschattet.« Der Prinz kann diese Situation akzeptieren.

Damit haben wir eine Ablösung von den ersten Eltern und eine Integration in ein neues soziales Umfeld, denn sie wird den Eltern des Prinzen vorgestellt und bekommt eine spezielle Kammer. Das heißt, sie bekommt ihren eigenen Raum – für ihre Identitätsfindung etwas ganz Wichtiges. Ihre Identifikation mit Schweinehaut in der ihr wohlgesinnten Umgebung heißt aber auch: »So bin ich *jetzt*.« Es gibt viele Mädchen, denen der Vater nachgestellt hat, oder denen auch andere Männer sehr früh nachgestellt haben, die sich künstlich sehr schmutzig machen oder die immer in Sack und Asche gehen, um diesen Nachstellungen zu entfliehen. Oder manche pubertierenden Mädchen verachten die Dusche oder sonstige Waschgelegenheiten, weil sie es einfach toll finden, ihren original kreatürlichen Geruch zu haben. Der ist ja so schlecht auch nicht, aber da man in unserer Gesellschaft gut zu riechen hat, ist das auch eine Form der Abgrenzung; man lebt den Schatten der Gesellschaft, man unterscheidet sich von den anderen. Dieser Zustand ist aber ein vorübergehender, denn wenn man den Schatten der Gesellschaft lebt, hat man auch noch keine eigene freie Identität, bloß eine, die polar zum Geforderten steht.

Die Erlösung erfolgt im Märchen auf dem Ball: Der Zarensohn veranstaltet einen Ball. Bälle haben im Märchen immer mit der Partnersuche zu tun, sind aber auch Orte der Lustbarkeit, der Bewegung, der Freude. Wahrscheinlich ist die Hoffnung die, daß man im Trubel der Hochgestimmtheit dann endlich die Richtige oder den Richtigen findet. Wir wissen, daß das Gegenteil natürlich genauso stimmt. In der Hochgestimmtheit, die die eigenen Emotionen viel deutlicher werden läßt, Hemmungen abbaut, kann man nicht nur den Richtigen oder die Richtige finden, man kann auch den Falschen oder die Falsche für den Richtigen oder die Richtige halten. Die Verstärkung der Emotionen macht unser Handeln nicht primär gültiger, auch in dieser Situation wäre noch ein Rest gesunden Menschenverstandes wünschbar. Das gilt aber weniger für Märchenbälle: Da wird nämlich die Richtige gefunden.

Jetzt trägt Schweinehaut das Sternenkleid, das Sonne-und-Mond-Kleid. Sie selber tritt in ihren alten, wunderschönen Kleidern wieder auf. Sie könnte sich sagen: »Ich bin nicht nur Schweinehaut. Ich bin auch die Prinzessin, die ein Sternenkleid, die ein Sonne-und-Mond-Kleid tragen kann.« Beim dritten Kleid wissen wir nur, daß es noch großartiger ist. Wie es aussieht, ist unserer Phantasie überlassen. Schweinehaut zeigt alle ihre Identifikationsformen: Sie kann auch eine strahlende Frau sein, eine Frau, die einen die Alltagssorgen vergessen läßt.

Der Prinz denkt von Anfang an, daß in der wunderschönen Prinzessin Schweinehaut stecken könnte, spricht sie auch darauf an und akzeptiert dennoch ihre Falschaussage. Er dringt nicht in sie – im Gegensatz zum Vater. Er sagt sich wahrscheinlich innerlich: »Solange du an deiner Identität als Schweinehaut festhalten mußt, tue es.« Den Trick mit dem Pech am Schuh – den kennen wir aus verschiedenen Märchen, da hat die Frau dann eben Pech gehabt, und dieses Pech bringt letztlich das Glück.

Der Zarensohn geht mit dem Schühlein durch das ganze Land und sucht den richtigen Fuß dafür. Man fragt sich, warum er nicht zu Hause anfängt mit dem Suchen. Das wäre aber ein ganz großer Fehler gewesen, denn er muß sich ja auch noch etwas differenzieren. Er findet einfach Schweinehaut eine ganz tolle Frau – das Wunder aller Wunder –, aber er ist im Grunde genommen genauso einem allgemeinen Ideal verfallen, einem Frauenbild, wie der Vater der Prinzessin es auch war. Deshalb muß er jetzt durch das Land gehen, Frauen kennenlernen, und er muß sich dabei ganz schön bücken. Er muß individuelle Frauen kennenlernen und eben dann die finden, die ihm wirklich gefällt – nicht einfach eine Frau, weil es eine Frau ist.

Ohne Ergebnis kommt er zurück und probiert den Schuh Schweinehaut an. Der Schuh sitzt, und er schlitzt dem Mädchen die Schweinehaut auf und zieht diese aus. Wir wissen, daß sie die Schweinehaut für den Ball offenbar schon selber abstreifen konnte – warum schlitzt der Zarensohn jetzt die Schweinehaut auf? Er sagt ihr damit: Du bist nicht nur Schweinehaut, du bist nicht mehr Schweinehaut, du bist sehr viel mehr. Du bist nämlich du selber.

Vielleicht hätten wir es heute lieber, wenn sie sich selber die Schweinehaut ausgezogen hätte, aber wir dürfen unsere patriarchale Abwehr auch nicht auf die Spitze treiben: Denn es gehört schon wesentlich zur Liebe, daß alte Häute abgelegt werden können, die vielleicht nicht so schön sind; und daß wir eben dazu eines anderen Menschen bedürfen, der uns sagt: »Du bist auch anders.« Wir dürfen auch nicht unsere Forderung nach Autonomiebestrebungen auf die Spitze treiben. Es ist gerade das Wesen einer *Ich-Du*-Beziehung, daß ein anderer Mensch einem sagt: »Aber du bist doch auch anders. Ich erkenne dich eben auch in anderen Seiten und nicht nur in diesen.« Und das Ich vertraut darauf. Das, meine ich, steht hinter dem Aufschlitzen der Schweinehaut, und wenn sie einmal aufgeschlitzt ist, ist sie bekanntlich auch nicht so leicht wieder anzuziehen: Diese Phase ist vorbei.

Hier nun hat das Mädchen eine neue Identität aus ihr gewonnen, von der wir weiter nichts wissen. – Märchen gehen bekanntlich immer weiter.

Jetzt ist Schweinehaut eine eigene Person geworden, kein »Typ« mehr. Bemerkenswert ist, daß sie zum Schluß noch einmal sagen muß, warum sie Schweinehaut geworden ist. Sie muß also reflektieren über ihre Entwicklung. Interessanterweise gibt sie zuerst als Grund an: »Weil ich meiner Mutter zu ähnlich war«, nicht, »weil mich mein Vater begehrt hat«. Das heißt, weil sie der Mutter zu ähnlich war, zu wenig abgegrenzt von ihrer Mutter, zu wenig eine eigene Identität hatte und deshalb auch von ihrem Vater begehrt wurde, mußte sie sich die Schweinehaut anziehen. Das ist jetzt aber überstanden; sie gleicht nicht mehr so sehr der Mutter, weil sie die Seiten, welche die Mutter verdrängt hatte, die »Schweinehaut«-Seite, integriert hat.

Das Märchen sagt aber auch aus, daß Frauen, die keine eigene Identität haben, weil sie sich zu wenig mit der Mutter auseinandergesetzt haben, in großer Gefahr sind, vom Vater und vom Väterlichen vereinnahmt zu werden. Und: Das Finden der eigenen Identität kann durch die Liebe gefördert werden.[11]

Eine neue Haut zu bekommen, eine alte Haut abzuwerfen durch die Liebe, das ist im Märchen ein Prozeß, der von Frauen und Männern erlebt wird.

Die Metapher der Häutung hat ihren Ursprung in der Häutung der Schlangen: Die Schlange, auch in der neuen Haut, ist zwar immer wieder dieselbe, sie ist nur größer geworden. So heißt Sich-Häuten auch nicht, daß wir so ganz und gar andere Menschen werden, aber es ist Ausdruck einer Veränderung, einer Neuwerdung, verbunden mit großer Hoffnung.[12]

Besinnen wir uns auf die Bedeutung der Haut: Wir kennen alle den Ausdruck: »Der steckt in keiner guten Haut«, oder »In seiner Haut möchte ich nicht stecken«. Wenn wir davon sprechen, wie wir uns in unserer Haut fühlen, oder wenn wir sagen: »Ich möchte nicht in seiner Haut stecken«, dann meinen wir wesentlich mehr als die Haut, wir meinen umfassende Lebensumstände mit den damit verbundenen Gefühlen. Die Haut ist ein außerordentlich wichtiges Kontaktorgan, ein Kommunikationsorgan zwischen innen und außen. Die Haut ist auch der Ort, wo Menschen einander berühren und berührt werden, wo sie sich berühren lassen, der Ort, wo Zärtlichkeit sich ereignet. Wenn wir jemanden an uns heranlassen oder jemanden nicht an uns heranlassen, dann hat das »implizit« sehr viel zu tun mit unserer Haut. Wir können uns auch eine dicke Haut aneignen zum Schutz, oder wir können relativ hautlos sein, und dann sind wir sehr berührbar, oder so schutzlos, daß uns alles unter die Haut geht. Wir haben normalerweise die erste Haut, die Körper-Haut, und dann haben wir die Kleider als zweite Haut und oft noch das Auto als dritte Haut – und so schützen wir uns. Unsere Haut kann sich nun aber auch verändern – bis zu einem gewissen Grad. Wandlung ist möglich.

Das Eselein[13]

Es lebte einmal ein König und eine Königin, die waren reich und hatten alles, was sie sich wünschten, nur keine Kinder. Darüber klagte sie Tag und Nacht und sprach: »Ich bin wie ein Acker, auf dem nichts wächst.« Endlich erfüllte Gott ihre

Wünsche: Als das Kind aber zur Welt kam, sah's nicht aus wie ein Menschenkind, sondern war ein junges Eselein. Wie die Mutter das erblickte, fing ihr Jammer und Geschrei erst recht an, sie hätte lieber gar kein Kind gehabt als einen Esel, und sagte, man sollte ihn ins Wasser werfen, damit ihn die Fische fräßen. Der König aber sprach: »Nein, hat Gott ihn gegeben, soll er auch mein Sohn und Erbe sein, nach meinem Tod auf dem königlichen Thron sitzen und die königliche Krone tragen.« Also ward das Eselein aufgezogen, nahm zu, und die Ohren wuchsen ihm auch fein hoch und gerad hinauf. Es war aber sonst fröhlicher Art, sprang herum, spielte und hatte besonders seine Lust an der Musik, so daß es zu einem berühmten Spielmann ging und sprach: »Lehre mich deine Kunst, daß ich so gut die Laute schlagen kann wie du.« – »Ach, liebes Herrlein«, antwortete der Spielmann, »das sollt Euch schwerfallen, Eure Finger sind nicht allerdings dazu gemacht und gar zu groß; ich sorge, die Saiten halten's nicht aus.« Es half keine Ausrede, das Eselein wollte und mußte die Laute schlagen, war beharrlich und fleißig und lernte es am Ende so gut wie sein Meister selber. Einmal ging das junge Herrlein nachdenksam spazieren und kam an einen Brunnen; da schaute es hinein und sah im spiegelhellen Wasser seine Eseleinsgestalt. Darüber war es so betrübt, daß es in die weite Welt ging und nur einen treuen Gesellen mitnahm. Sie zogen auf und ab; zuletzt kamen sie in ein Reich, wo ein alter König herrschte, der nur eine einzige, aber wunderschöne Tochter hatte. Das Eselein sagte: »Hier wollen wir weilen«, klopfte ans Tor und rief: »Es ist ein Gast haußen, macht auf, damit er eingehen kann.« Als aber nicht aufgetan ward, setzte es sich hin, nahm seine Laute und schlug sie mit seinen zwei Vorderfüßen aufs lieblichste. Da sperrte der Türhüter gewaltig die Augen auf, lief zum König und sprach: »Da draußen sitzt ein junges Eselein vor dem Tor, das schlägt die Laute so gut wie ein gelernter Meister.« – »So laß mir den Musikant hereinkommen«, sprach der König. Wie aber ein Eselein hereintrat, fing alles an, über den Lautenschläger zu lachen. Nun sollte das Eselein unten zu den Knechten gesetzt und gespeist werden, es ward aber unwillig und sprach: »Ich bin kein gewöhnliches Stalleselein, ich bin ein vornehmes.« Da sagten sie: »Wenn du das bist, so setze dich zu dem Kriegsvolk.« – »Nein«, sprach es, »ich will beim König sitzen.« Der König lachte und sprach in gutem Mut: »Ja, es soll so sein, wie du verlangst, Eselein, komm her zu mir.« Danach fragte er: »Eselein, wie gefällt dir meine Tochter?« Das Eselein drehte den Kopf nach ihr, schaute sie an, nickte und sprach: »Aus der Maßen wohl, sie ist so schön, wie ich noch keine gesehen habe.« – »Nun, so sollst du auch neben ihr sitzen«, sagte der König. »Das ist mir eben recht«, sprach das Eselein und setzte sich an ihre Seite, aß und trank und wußte sich fein und säuberlich zu betragen. Als das edle Tierlein eine gute Zeit an des Königs Hof geblieben war, dachte es: Was hilft das alles, du mußt wieder heim, ließ den Kopf traurig hängen, trat vor den König und verlangte seinen Abschied. Der König hatte es aber liebgewonnen und sprach: »Eselein, was ist mit dir? Du schaust ja sauer wie ein Essigkrug: bleib bei mir, ich will dir geben, was du verlangst. Willst du Gold?« – »Nein«, sagte das Eselein und schüttelte mit dem Kopf. »Willst du Kostbarkeiten und Schmuck?« – »Nein.« – »Willst du mein halbes Reich?« – »Ach nein.« Da sprach der König: »Wenn ich nur wüßte, was dich vergnügt machen könnte: Willst du meine schöne Tochter zur Frau?« – »Ach ja«, sagte das Eselein, »die möchte ich wohl haben«, war auf einmal ganz lustig und guter Dinge, denn das war's gerade, was es sich gewünscht hatte. Also ward eine große und prächtige Hochzeit gehalten. Abends, wie Braut und Bräutigam in ihr Schlafkämmerlein geführt wurden, wollte der König wissen, ob sich das Eselein auch fein artig und manierlich betrüge, und hieß einen Diener sich dort verstecken. Wie sie nun beide drinnen waren, schob der Bräutigam den Riegel vor die Türe, blickte sich um, und wie er glaubte, daß sie ganz allein wären, da warf er auf einmal seine Eselshaut ab und stand da als ein schöner königlicher Jüngling. »Nun siehst du«, sprach er, »wer ich bin, und siehst auch, daß ich deiner nicht unwert war.« Da ward die Braut froh, küßte ihn und hatte ihn von Herzen lieb. Als aber der Morgen herankam, sprang er auf, zog seine Tierhaut wieder über, und hätte kein Mensch gedacht, was für einer dahinter steckte. Bald kam auch der alte König gegangen: »Ei«, rief er, »ist das Eselein schon munter! Du bist wohl recht traurig«, sagte er zu seiner Tochter, »daß du keinen ordentlichen Menschen zum Manne bekommen hast?« – »Ach nein, lieber Vater, ich habe ihn so lieb, als wenn er der Allerschönste wäre, und will ihn mein Lebtag behalten.« Der König wunderte sich, aber der Diener, der sich versteckt hatte, kam und offenbarte ihm alles. Der König sprach: »Das ist nimmermehr wahr.« – »So wacht selber die folgende Nacht, Ihr werdet's mit eigenen Augen sehen, und wißt Ihr was, Herr König, nehmt ihm die Haut weg und werft sie ins Feuer, so muß er sich wohl in seiner rechten Gestalt zeigen.« – »Dein Rat ist gut«, sprach der König, und abends, als sie schliefen, schlich er sich hinein, und wie er zum Bett kam, sah er im Mondschein einen stolzen Jüngling da ruhen, und die Haut lag abgestreift auf der Erde. Da nahm er sie weg und ließ draußen ein gewaltiges Feuer anmachen und die Haut hineinwerfen und blieb selber dabei, bis sie ganz zu Asche verbrannt war. Weil er aber sehen wollte, wie sich der Beraubte anstellen würde, blieb er die Nacht über wach und lauschte. Als der Jüngling ausgeschlafen hatte, beim ersten Morgenschein, stand er auf und wollte die Eselshaut anziehen, aber sie war nicht zu finden. Da erschrak er und sprach voll Trauer und Angst: »Nun muß ich sehen, daß ich entfliehe.« Wie er hinaustrat, stand aber der König da und sprach: »Mein Sohn, wohin so eilig, was hast du im Sinn? Bleib hier, du bist ein so schöner Mann, du sollst nicht wieder von mir. Ich gebe dir jetzt mein Reich halb, und nach meinem Tode bekommst du es ganz.« – »So wünsch ich, daß der gute Anfang auch ein gutes Ende nehme«, sprach der Jüngling, »ich bleibe bei Euch.« Da gab ihm der Alte das halbe Reich, und als er nach einem Jahr starb, hatte er das ganze und nach dem Tod seines Vaters noch eins dazu und lebte in aller Herrlichkeit.

Wir haben hier ein Märchen vor uns, das davon handelt, daß man, auch wenn man in einer Tierhaut geboren ist, doch zu einer liebevollen Verbundenheit mit einem Menschen findet.

Das Problem, das in der Ausgangssituation des Märchens geschildert wird, ist die Unfruchtbarkeit der Ehe des Königs mit der Königin. Wir sind mit einem dringenden Kinderwunsch der Königin konfrontiert. Sie sagt: »Ich bin wie ein Acker, auf dem nichts wächst.« Es gibt mehrere Paare mit Kinderwunsch in den Märchen, und der Kinderwunsch hat jeweils unterschiedliche Motive. In diesem Märchen hat man das Gefühl, die Königin denkt eher an sich selbst als an das Kind, das geboren werden soll. »Ich bin wie ein Acker, auf dem nichts wächst«, das heißt, sie fühlt sich nicht als richtige Frau. Sie braucht ein Kind, um eine richtige Frau zu sein. Es gibt andere Märchen, zum Beispiel das norwegische Märchen »Die Zottelhaube«[14], da wünscht die Königin so überaus dringend ein Kind, damit sie sich mit dem Kind zanken kann. Das ist ein ganz anderes Motiv: Da geht es nicht so sehr um ihre narzißtische Versicherung, eine richtige Frau zu sein, sondern es geht darum, ein Kind zu haben, mit dem man sich auseinandersetzen kann.

Grundsätzlich bedeutet die Sterilität im Märchen immer, daß die Beziehung zwischen Mann und Frau, oder abstrakter, zwischen dem männlichen und dem weiblichen Prinzip, unfruchtbar geworden ist. Das Märchen beginnt denn auch mit der Trauer über dieses unfruchtbare und daher nicht erfüllte Leben. Ohne Kinder hat so ein Königreich und damit ein Land auch keine Zukunft. In der Kinderlosigkeit ist auch eine gewisse Hoffnungslosigkeit ausgedrückt, die sich in den Klagen der Königin Tag und Nacht äußert. Die Beziehung ist also unfruchtbar, sie stagniert, es fehlt ihr die Lebendigkeit.

Und endlich wird den beiden ein Kind geboren, und statt eines Menschenkindes ist das ein Eselein. Das Paar kommt also aus der Stagnation heraus, etwas Unerwartetes geschieht: Es trifft nicht das ein, was sich die Eltern vorgestellt hatten. Darauf gibt es zwei ganz unterschiedliche Reaktionen: Die Mutter schreit und jammert und will das Eselein ins Wasser werfen, den Fischen zum Fraß. Die Mutter nimmt so etwas wie die Wasserposition ein. Der König hingegen sagt trotzig: »Er soll mein Sohn und Erbe werden«, oder anders ausgedrückt: Der König nimmt eher eine Feuerposition ein, vertritt eine progressive Position, während die Königin eine regressive Position einnimmt. Sie will die

Veränderung rückgängig machen. Er schützt und akzeptiert das Eselein, schaut der Sache auch ins Auge, benimmt sich aber doch auch so, als wenn es kein »besonderes« Kind wäre.

Diese Kinder, die so sehr gewünscht werden, entsprechen im Märchen nie den Erwartungen der Eltern; im Alltag ist das meistens auch so. Denn für diese Kinder, die so enorm ersehnt werden, hat man ja auch schon sehr sehr viele Phantasien, und es ist wohl sehr schwer, in die Haut eines so sehr gewünschten Kindes zu schlüpfen. Im Märchen ist in der besonderen Gestalt dieser Kinder – Esel, Kälber, Schlangen, Lindwürmer, Igel oder Halbigel, fast jedes Tier eignet sich – unter anderem auch symbolisch ausgedrückt, was in der Beziehung der Eltern ausgeschlossen war und sie deshalb unfruchtbar werden ließ.

Liest man das Märchen als Zweigenerationenmärchen, so tragen die Kinder, indem sie sich mit ihren Häuten auseinandersetzen, die Probleme der Eltern aus und arbeiten diese auch auf. Etwas Eseliges hat unserem Königspaar gefehlt. Was heißt das?

Esel gelten in der Regel als Tragtiere, die sehr belastungsfähig und genügsam sind, aber entweder penetrant laut oder melancholisch sind, darüber hinaus als störrisch, geil und eigenwillig gelten. In der Mythologie ist der Esel unter anderem auch das Tragtier des Dionysos.[15] Er trägt auch andere Götter. Aber als Tragtier des Dionysos hat er es doch zu einiger Berühmtheit gebracht. Dionysos ist der Gott der Inspiration, der Sexualität, der Sinnenhaftigkeit in einem sehr sehr weiten Sinn, der Ekstase, des Aus-sich-herausgehen-Könnens.

Wenn in diesem Eselein im Märchen symbolisch ausgedrückt ist, was dem Paar fehlt, dann eben dieses Dionysische, die Beziehung zur Sinnenhaftigkeit, zur Vitalität, zur Sexualität, zur Inspiration und zum Rauschhaften. Vielleicht fehlen ihnen zudem eine zähe Belastbarkeit, eine Durchtragefähigkeit.

Damit sind die übergreifenden Lebensthemen angesprochen, die im Laufe des Lebens dieses Eseleins in irgendeiner Weise realisiert werden müßten.

Stellen wir uns nun aber konkret und unmythologisch vor, daß der König und die Königin ein Kind haben, das einfach so ein bißchen ein Eselein ist. Stellen wir uns vor, wie ein Kind sein könnte, das ein bißchen »eselig« ist. Vielleicht haben auch wir selber so ein paar Eselsseiten?

Dieses Kind im Märchen sieht jedoch nur aus wie ein Esel, es verhält sich aber gar nicht so: Das Märchen erzählt uns, daß es sich sehr ordentlich benimmt. Es wächst so richtig akkurat heran, besonders schön ausgedrückt im Bild der Öhrchen, die so ganz gerade wachsen; es springt herum, ist fröhlicher Art, spielt, es ist ein echt »aufgestelltes« Eselchen. Man hat den Eindruck, daß die Akzeptanz des Vaters ihre Wirkung tut. Hätten wir es mit einem konkreten Kind zu tun, würden wir davon sprechen, daß dieses Kind kompensiert, vielleicht könnte man auch von Überkompensation sprechen. Es merkt zwar, daß es irgendwo nicht ganz in Ordnung ist, die Mutter lehnt es ja auch ab, aber es würde ein Kind sein, das sich ein dickes Fell zugelegt hat, sich aufgestellt gibt, alle Potenzen, die es hat, voll ausschöpft, auch alles allein macht, sich forciert autonom gibt. Diese These von Alfred Adler[16], daß Menschen aus ihrer Minderwertigkeit die Lebensleitlinie machen, drängt sich auf. Wo wir uns minderwertig fühlen, kompensieren wir so sehr, daß es unser Leben prägt. Wir hätten ein Kind vor uns, das genau weiß, daß es nur akzeptiert wird und daß es unheimlich viel tun muß, um geliebt zu werden. Das Kind tut das auch und hat Erfolg damit.

Nun hat das Eselein auch noch Freude an der Musik und will die Laute schlagen. Die Laute zu schlagen mit Eselshufen, das muß man sich bildlich vorstellen, wenn das nicht die Kompensation von einer Organminderwertigkeit ist! Kompensation oder nicht, dieses Lauteschlagen bedeutet, sehr feine Töne anschlagen zu lernen, mit denen man auch die Herzen der Menschen erreicht und die Gefühle in den anderen Menschen wecken kann. Das Eselein lebt nicht nur die Überkompensation im Sinn von: »An mir kommt niemand vorbei, ich mach' aus meinem Eselsein das beste«, sondern es lernt auch, immer feinfühliger zu werden oder, wie wir heute wahrscheinlich sagen können, emphatisch zu sein. Bei diesem Lauteschlagen steht die Veredelung des emotionalen Menschen im Esel an. Es ist natürlich gleichzeitig auch der Versuch, das Unmögliche zu wagen, Zärtlichkeit auszudrücken, die Herzen der Menschen zu erreichen über das Aussprechen des Gefühls. Da auch viel Koordination gelernt werden muß beim Lauteschlagen, lernt es, Beziehungen herzustellen, das Stimmige in den Beziehungen herauszuarbeiten. Das Eselein arbeitet also in einer sehr differenzierten Weise an seinem Gefühlsbereich.

Dann geht es »nachdenksam« spazieren und kommt zu einem Brunnen. Es schaut in den Brunnen hinein. Im spiegelhellen Wasser – wir erinnern uns daran, die Mutter wollte es in das Wasser werfen nach seiner Geburt – sieht es seine Eseleinsgestalt. Jetzt erfolgt ein Einbruch in seinem Selbstwertgefühl, jetzt wird es mit einem Identitätsproblem konfrontiert: Trotz aller Bemühungen ist es ein Esel geblieben – das wird ihm schlagartig klar. In dieser bitteren Erkenntnis können wir ihm auch folgen. Wir alle haben ein paar Eselsseiten, und wir geben uns auch große Mühe, sie auf irgendeine Weise zu kompensieren. Doch auch wenn wir uns noch so große Mühe gegeben haben, das zu tun, irgendwann merken wir: Der alte Esel ist eben doch auch noch da. Das ist eine Situation der schonungslosen Selbsterkenntnis auch von einer Seite von uns selber, die wir nicht sehen wollten, vom Schatten.[17] Es ist eine herbe Enttäuschung, eine akzeptierte Enttäuschung an sich selbst: Jetzt sieht sich das Eselein auch so, wie die Mutter es gesehen hat. Aber es reagiert nicht regressiv im Sinn der Mutter, es stürzt sich nicht ins Wasser, sondern es geht betrübt in die Welt.

Man kann bei dieser Kompensation auch daran denken, daß wir ja oft alles tun, um unseren Eltern zu beweisen, wir seien nicht so, wie sie uns gesehen haben. Und eines Tages merken wir, daß in unserem ganzen Bemühen, nicht so zu sein, wie sie uns gesehen haben, sich ausdrückt, daß wir eben irgendwo doch so sind. Da hilft es nur, diesen ganzen Komplexbereich zu verlassen, in die Welt hinauszugehen, in den neuen Lebensraum.

Wir haben hier einen entscheidenden Übergang im Märchen: Das Eselein zieht betrübt in die Welt. Wenigstens hat es einen treuen Gesellen, es hat jemand, auf den Verlaß ist. Da schimmert das Motiv der Blutsbrüder durch, das wir oft in Märchen antreffen. Es bedeutet, einen Menschen zu haben, auf den man sich in jeder Situation verlassen kann, der sogar für einen einstehen könnte in schlimmen Situationen oder gar mit seinem Leben für das eigene bürgen würde. Die gute Beziehung zum Vater ist wohl der Grund dafür, daß es nicht schutzlos in die Welt zieht, sondern einen Begleiter hat.

Sein Lebensweg führt ihn in das Reich mit dem alten König und der wunderschönen Königstochter. Der junge

Mann weiß jetzt um seine Eselshaut, um seine Wirkung auf andere, und er akzeptiert diese. Er weiß, daß er *auch* ein Esel ist, aber nicht nur. Diese neue Identität muß sich nun am neuen Ort bewähren, muß erprobt werden – und er tut es mit filigraner Zähigkeit. Das Lautenspiel öffnet ihm auch jetzt die Tür zu den Menschen, öffnet ihm die Tür zu deren Herzen. Er muß jetzt seine neue Identität erproben. Daß er sich selber so akzeptiert, wie er ist, zeigt sich, wenn er sagt: »Ich bin kein gewöhnliches Stalleselein, ich bin ein vornehmes.« Er sagt nicht etwa: »Ich bin durch und durch ein Esel« – eine Generalisierung, der wir leicht verfallen, wenn wir Unangenehmes an uns wahrnehmen und dann meinen: »Wenn ich nicht ganz toll bin, bin ich halt gar nichts.« Sondern: »Ich bin kein gewöhnliches Stalleselein, ich bin zwar eines, aber ich bin auch etwas anderes.« Das ist die Identität, zu der er steht.

Leicht wird es ihm nicht gemacht: Von allen Knechten und vom ganzen Kriegsvolk wird er ausgelacht. So ausgelacht zu werden, wäre für viele Menschen ein Grund, sich vor Scham in den letzten Winkel zu verkriechen. Hätte er sich nicht wirklich akzeptiert mit dieser Esels-Schatten-Seite, hätte er das wohl gar nicht aushalten können. Anscheinend unbeirrt steht er dazu, daß er an den Tisch des Königs gehört, und er vertraut auch darauf, daß er beim König sitzen darf. Diese Zuversicht hängt wieder mit seiner ursprünglichen Lebenssituation zusammen: Sein Vater akzeptierte ihn unbedingt. Dieses Lebensgefühl überträgt er auf Vaterfiguren: Wenn sein Vater ihn akzeptiert hat, wird ihn auch der König akzeptieren. Und der tut dies auch. Das Eselein darf sich sogar neben die Tochter des Königs setzen – eine erste Spur von ganz leiser Erotik. Und die Königstochter gefällt dem Eselein über alle Maßen wohl. Wir haben hier also die Erprobung der neuen Identität auch in einer engeren Beziehung zu fremden Menschen: »Ich hab' zwar diese Mißgestaltung oder diesen Fehler, aber ich habe auch andere Seiten.«

Aber diese Treue zu sich selbst in den verschiedenen Persönlichkeitsaspekten, diese Akzeptanz von sich selbst, das reicht auch nicht, damit läßt sich überleben, aber nicht wirklich leben. Eines Tages wird das Eselein wieder traurig: »Ich muß weggehen, ich muß wieder heimgehen.« Es läßt den Kopf hängen. Warum?

Als Esel es zu wagen, einen Menschen zu lieben, ein Gefühl zu haben für eine menschliche Frau, ist ja schon etwas sehr Mutiges, und das Eselein hatte bestimmt Angst, zurückgewiesen zu werden. Deshalb verdrängt es diesen Wunsch. Der König aber, der es bei sich behalten will, errät den Wunsch, und kaum wird der verdrängte Wunsch bewußt, wird aus der Melancholie wieder eine große Freude: Das Eselein soll die Königstochter zur Frau bekommen.

Uns wundert vielleicht, daß die Königstochter bis jetzt so eine Randexistenz bleibt. Sie ist vorhanden, zwar mit dem König an seinem Tische, aber fast so etwas wie ein schönes Dekorationsstück. Sie protestiert nicht, als der Vater sie dem Eselein verspricht. Es ist selbstverständlich, daß diese Königstochter auch von einem positiven Vaterkomplex geprägt ist, die Tochter ihres Vaters ist, also seinen Wunsch als den ihren erkennt. Versetzt man sich aber mehr in ihre Haut hinein, so kann man sich auch vorstellen, daß dieses Eselein ein wunderbares Exemplar eines geheimnisvollen Fremden – einer Animusgestalt – ist. In der Liebe zieht uns ja das geheimnisvolle Fremde im anderen Menschen sehr an. Nicht das fasziniert, was man erkennen kann, sondern das Abgründige, das uns über das ganz Alltägliche hinauszuziehen verspricht. Sehr oft sind diese Männer, oder auch die Frauen, die in einer Tierhaut stecken, sehr geheimnisvoll. Da weiß man gar nicht so recht, was man davon halten soll. Sie lösen Faszination und Erschrecken, Erschrecken und Faszination aus. Auf jeden Fall hören wir nichts davon, daß das Eselein der Königstochter mißfallen hätte. Wir gehen oft von einem Ideal der Normalität aus: Man heiratet »normale Menschen«. Aber eigentlich sind so ganz normale Menschen recht langweilig. Abartigkeiten oder Besonderheiten an Partnern und Partnerinnen – das Märchen nennt das, in einer Eselshaut oder in einer Schweinehaut zu stecken – sind etwas Spannendes. Gerade Psychotherapeuten und Psychotherapeutinnen sind auf so etwas sehr ansprechbar: Bei solchen Menschen hat man auch die Hoffnung, daß durch die Beziehung oder die Liebe auch etwas erlöst werden kann, daß man einen anderen Menschen erlösen kann.

So wird denn im Märchen ohne jede Komplikation Hochzeit gehalten. Das leise Mißtrauen des Königs zeigt sich nur darin, daß er einen Diener mit ins Schlafzimmer schickt. Was von außen gesehen wie das Eindringen in die Sphäre der Intimität des Paares aussieht, und was wir natürlich verurteilen, ist symbolisch gesehen anders zu werten: Was jetzt vor sich geht, das muß auch bewußt werden, muß gesehen werden. Der Diener ist der, der zuschaut: Gibt es eine Wandlung – gibt es sie nicht?

Wie die beiden sich allein glauben, wirft das Eselein die Eselshaut ab und ist ein schöner königlicher Jüngling. Er sagt: »Du siehst, wer ich bin und daß ich deiner nicht unwert bin.« Das heißt: Aufgrund der Akzeptanz durch den Vater, aber auch durch die Akzeptanz seiner Braut kann er zeigen, wer er wirklich ist. Er kann zeigen, wer er sein kann, wenn er geliebt wird, wenn er akzeptiert wird. Da wird dann die

Braut froh, und sie lieben sich. Die Sexualität wird gelebt, das Dionysische kommt zur vollen Entfaltung.

Am Morgen fragt der Vater die Tochter, ob sie traurig sei, keinen ordentlichen Menschen als Mann zu haben. Sie gibt ihm eine ganz bemerkenswerte Antwort: »Ich habe ihn so lieb, als wenn er der Allerschönste wäre, und will ihn mein Lebtag behalten.« Man kann sie vaterkomplexig schimpfen, aber es ist nicht zu leugnen, daß sie sehr abgegrenzt ist. Sie behält ihr Geheimnis, sie verrät ihn nicht.

Es gibt zahlreiche Märchen mit dem gleichen Motiv des Tierbräutigams, in denen die Frau dann irgendwann dem Vater, der Mutter oder der Schwester verrät, daß das Tier, das sie geheiratet hat, nachts ein wunderbarer Mann ist. Dieser Verrat oder der damit in Zusammenhang stehende Rat, den Tierbräutigam nachts bei Licht anzusehen, führt regelmäßig zu einer Verwandlung in ein anderes Tier und zu einer langen Suchwanderung, an deren Ende die Erlösung des Prinzen steht.[18] Nicht in diesem Märchen. Die Königstochter hütet das Geheimnis; sie weist sich dabei über ein ganz gutes Selbstwertgefühl aus: Sie hält es nämlich aus, daß die anderen denken, sie sei mit einem Esel verheiratet. Sie sieht keinen Grund, sich zu rechtfertigen, denn sie weiß ja, wie er wirklich ist. Sie ist abgegrenzt, gut in ihrer Haut.

In der zweiten Nacht nun verbrennt der König die Tierhaut. Er macht ein gewaltiges Feuer, und darin wird die Eselshaut verbrannt, vom Feuer verzehrt. Er achtet auch genau darauf, daß kein Restchen der Haut zurückbleibt. Es gibt keine Eselshaut mehr, der Prinz darf sie nicht mehr überstülpen, er darf nicht mehr regredieren, er darf sich nicht mehr so »eselig« benehmen, sich auch nicht mehr als Esel vor der Welt schützen. Voll Trauer und Angst meint er am nächsten Morgen, entfliehen zu müssen, wird aber aufgehalten von dem ihn akzeptierenden Vater: »Bleib hier, du bist ein so schöner Mann, du sollst nicht wieder von mir, ich gebe dir jetzt mein Reich halb.« Er attestiert ihm damit, daß er in Ordnung ist. Denn ein schöner Mann oder eine schöne Frau zu sein, das heißt im Märchen, in Ordnung zu sein, ein geglücktes und glückendes Leben zu haben. Der König sagt ihm auch deutlich, er wolle in Beziehung stehen mit ihm und ihm Verantwortung geben, das halbe Reich. Der König gibt ihm sozusagen einen Stoß ins normale Leben und verunmöglicht ihm die Regression in die Tierhaut.

Daß die Tierhaut im Feuer verbrannt wird, kennen wir aus vielen Märchen, und wir wissen, daß dieses Verbrennen auch schief gehen kann, nicht die gewünschte Wirkung bringt; wird die Haut nämlich zu früh verbrannt, so wird der Mensch darunter versengt. Dann muß noch einmal eine ganz lange Wanderung angetreten werden, ein Weg der Heilung.[19] Da sind dann noch einmal viele Probleme zu bewältigen.

In diesem Märchen erfolgt die Verbrennung offenbar zum richtigen Zeitpunkt. Man wundert sich etwas, warum gerade der Vater das besorgt. Normalerweise wirft die Frau die Haut ins Feuer; das vermittelt dann auch den Eindruck, daß es eben das Feuer der Liebe möglich macht, daß diese Haut verbrannt wird. Hier ist das Verbrennen das Geschäft des Vaters, und das leuchtet ein, weil der Jüngling, wenn er mit der Frau zusammen ist, ja schon ein Jüngling und kein Esel mehr ist. Aber für die alltägliche Welt, die durch den König verkörpert wird, ist er eben noch nicht ein Jüngling. Diese Feuer sind unter anderem Ausdruck einer liebenden Wut. Wenn wir wieder in unsere Eselshäute schlüpfen wollen, können wir eine wütende Liebesenergie aktivieren und damit um unsere wahrere Gestalt kämpfen. Das ist keine kalte Wut, sondern das ist eine sehr warme Wut. Und die kann man sich natürlich auch in der Beziehung gegenseitig geben, vor allem am Anfang der Beziehung, wo man noch kämpft um die wahre Gestalt des anderen. Es geschieht dies nicht im Sinne eines Vorwurfes, sondern des Vertrauens: »Ich glaube doch an unsere Vision, ich weiß doch, was hinter dir steckt, ich sehe doch dein wahreres Selbst, und jetzt verdammt noch einmal, das muß doch zum Tragen kommen, jetzt ist es aus mit diesen alten Spielchen.« Wir können dieses Feuerlegen zur richtigen Zeit aber nicht einfach unseren Partnern und Partnerinnen überlassen, sondern wir müssen auch oft für uns selber diese wütende Liebesenergie aufbringen: »Dahinter gehst du mir jetzt nicht mehr zurück.«

Das Märchen endet damit, daß der Königssohn zwei Königreiche hat – er bekommt sehr viel Verantwortung. Es fällt uns natürlich auch auf, daß er und seine Frau ausgesprochen im Raume des Vaterkomplexes bleiben. Das ist zu akzeptieren. Wir gehen oft mit einem Individuationsideal an das Märchen heran. Nach diesem Ideal müßten die beiden sich auch noch aus dem Vaterkomplex herausentwickeln, damit sie autonomer werden. Das könnte im Verlaufe eines neuen Märchens auch geschehen. So ein Ideal kann aber leicht zur Ideologie werden. Wenn zwei Menschen so sehr unter der Dominanz eines guten Vaters stehen, dann gibt es innerhalb dieser Komplexprägung durchaus eine befruchtende Möglichkeit, diese Beziehung zu leben, auch wenn wir von außen – wenn wir unbedingt diagnostizieren müssen – eine gewisse Autonomie vermissen.

Die Tierhaut jedenfalls gibt es nicht mehr. Die Liebe hat geholfen – die Liebe der Väter, die Liebe der Frau –, die Tierhaut überflüssig zu machen: Häute, die wir tragen, Häute zum Schutz, Häute, die wir einfach haben, weil wir mit gewissen Problemen schon von den Eltern bedacht worden sind. Daß man diese Häute auch ablegen, eine neue Haut bekommen kann, das gibt uns Hoffnung.

~

Die Märchen »Schweinehaut« und »Das Eselein« haben beide das gleiche Thema gehabt: die Erlösung aus der Tierhaut, die Rückkehr zur menschlichen Schönheit. Der Ursprung der Häute war verschieden. Beim Eselein haben wir sie von Geburt an als Problem, das im System, in der Beziehung der Eltern wurzelt. Bei Schweinehaut war die Haut die Folge eines Problems in der Adoleszenz, bei der Ablösung. Beide sind erlöst worden durch die Liebe, und zwar durch Erkennen und durch Anerkennen – durch Erkennen der Seiten, die unter der Tierhaut sind, und durch das Anerkennen der Tierhaut. Also nicht das schnelle Wegreißen der Tierhaut bringt die Lösung. Beide haben die Erlösung aber nicht einfach ihrem Partner und ihrer Partnerin überlassen, beide haben zuerst an ihrer Problematik gearbeitet. Schweinehaut hat die verwöhnende Situation verlassen, hat die Orientierungslosigkeit ertragen, ist zu ihrer Identität gestanden, hat weder vergessen, daß sie Schweinehaut ist, noch daß diese nicht ihre ganze Identität ausmacht. Das Eselein hat das Beste aus seiner Situation gemacht, es hat überkompensiert, hat aber auch Gefühle entwickelt, und es ist nach dem Blick in den Wasserspiegel zu seiner doppelten Identität gestanden. Beide sind auch im Verlauf dieser Märchen zu mehr Individualität gekommen. Denn wir dürfen nicht vergessen: Häute sind kollektive Projektionen. Nur wer ein paar Esel besitzt, weiß genau, welcher Esel welcher ist – oder auch Schweine, die gleichen sich ganz enorm. Im Schutz solcher Häute sind wir keine Individuen, sondern identifiziert mit kollektivem Verhalten. Die Liebe (nicht die Sexualität) hat indessen den Sinn, das Einmalige in einem Menschen zu erahnen, zu spüren, zu erwecken. Wir spüren dann Liebesgefühle, wenn wir eben dieses Einmalige uns Faszinierende im anderen erahnen. Das kann man die Blindheit der Liebe nennen, so wird es von außen auch immer genannt. Bei dieser Benennung ist wohl auch Eifersucht, Neid mit im Spiel, aber von innen ist dieses Erahnen der Einzigartigkeit des anderen auch eine Vision: die Möglichkeit, den anderen Menschen so zu sehen, wie er oder sie auch sein könnte.[20] Diese Märchen legen es uns nahe, trägt man so einen Hautschutz, energisch am eigenen Problem zu arbeiten. Um aber wirklich erkannt zu werden, um zur individuellen Gestalt zu kommen, um wirklich letztlich diese Haut ablegen zu können, braucht es ein liebendes und auch akzeptierendes Du. Erst dann ist man wirklich ein individueller, geliebter Mensch.

DAS INNERE BILD
UND DER WIRKLICHE MENSCH

Die Märchen vermitteln uns, daß Wandlung durch Liebe möglich ist. Man muß am Grundproblem arbeiten, man braucht aber auch ein Du, das auf der einen Seite diese »Häute«, mit denen wir uns schützen und hinter denen wir uns auch verbergen, akzeptiert, das auf der anderen Seite aber auch sieht, was dahinter steckt. Ein Du, das eine Vision hat von dem, was wir auch noch sein könnten. Es gibt einen Satz von Dostojewski, der sinngemäß lautet: »Einen Menschen lieben heißt, ihn so zu sehen, wie Gott ihn oder sie gemeint haben könnte.«[21] Das ist die Idealisierung in der Liebe oder aber eine Vision: Wenn wir lieben, können wir mehr als die Hülle oder die Verhüllungen eines Menschen sehen; wir können sehen, was in ihm oder in ihr potentiell steckt, was eigentlich alles auch noch möglich wäre. Das ist weniger ein bewußtes Sehen als eine lebendige Ahnung. Wenn ein anderer Mensch durch die Liebe Entwicklungsmöglichkeiten in uns erahnt, werden diese stimuliert, aus uns herausgeliebt. Das ist eine Chance, aus dem Gewordensein heraus sich zu verändern. Chancen zur Veränderung hat man nicht nur in der Adoleszenz; jede Erschütterung – und Liebe ist eine Form von Erschütterung – birgt in sich die Möglichkeit, daß wir uns wandeln, daß wir alte Hüllen abwerfen können. Auch wenn wir im Verliebtsein tief verborgene Bilder voneinander entbergen können – Bilder der Freiheit uns entwerfen – und dadurch auch ein Gefühl bekommen, was wir eigentlich noch sein könnten, dann heißt das natürlich nicht, daß wir nachher einander nicht auch wieder neue Häute überwerfen. Gerad dann, wenn wir enttäuscht sind voneinander, können wir sehr brutal sein im Entwerten, indem wir einander sagen: »Du bis ja nur das und nichts anderes.« Lebenskunst in der Liebe, Liebeskunst, wäre eigentlich, diese Anfangsbilder sich bewußt zu halten, zu wissen, was man am Anfang gesehen hat, um den Kontrast auch zu den alltäglichen Enttäuschungen auszuhalten. Also, zu wissen, daß derselbe Mensch, der so fasziniert hat, dem man eine große Seele zugetraut hat, derselbe ist, der im Alltag unzählige Socken in der ganzen Wohnung »streut«, das wäre Liebeskunst.

Im folgenden Märchen »Der grüne Ritter« nun steht ein anderer Aspekt der Liebe im Vordergrund: Die Liebe wurzelt darin – so sagen die Märchen –, daß wir eine Sehnsucht haben nach dem ganz anderen. Sehr oft wird dieses ganz andere auf das Gegengeschlecht projiziert, und das ist eigentlich ein bißchen zu undifferenziert. Denn die Sehnsucht in der Liebe ist die Sehnsucht nach etwas wirklich ganz anderem, nach etwa Abgründigem, etwas Faszinierendem, nach etwas, das uns radikal verunsichern kann in unserem Leben und uns deshalb auch sehr viel Angst macht und uns auch gar nicht so selten die Flucht ergreifen läßt.

Diese Sehnsucht nach etwas ganz ganz anderem ist im Märchen und ist auch in der Literatur und in der bildenden Kunst immer dargestellt als Sehnsucht nach dem geheimnisvolle Fremden oder nach der geheimnisvollen Fremden. Geheimnisvoll bleibt der oder die Fremde nur so lange, bis man sie erkannt hat. Der geheimnisvolle Fremde, die geheimnisvoll Fremde: Das ist eine Erfahrung, die uns den Eindruck vermittelt, etwas zu erleben, das es bis jetzt so nicht gab, das so nicht erfahrbar war, das das ganze bisherige Leben erschüttern kann. Dieser oder diese geheimnisvolle Fremde wird in der Jungschen Psychologie als Animus- oder Anima-Bild bezeichnet. Das sind Bilder in unserer Seele, die uns mit den Tiefen unserer Innenwelt verbinden, da, wo wir uns auch selber geheimnisvolle Fremde sind; das sind auch die Bilder, die bewirken, daß wir uns von den Elternkomplexen ablösen; und das sind auch Bilder, die uns in Beziehung zur Spiritualität bringen. Im Alltagsleben, im Beziehungsleben ist der oder die geheimnisvolle Fremde sehr wichtig, weil wir sie zum Teil auch auf Menschen übertragen, die in uns Gefühle der Liebe auslösen können.

Wir übertragen aber nicht nur das Bild des geheimnisvollen Fremden oder der geheimnisvollen Fremden, wir beleben es dadurch auch in unserer eigenen Psyche, erkennen daran, daß viele Phantasien damit verbunden sind. Nicht selten wird also durch die Projektion auch der korrespondierende Anima- oder Animusanteil in der eigenen Psyche belebt, so daß eigentlich – und das scheint mir als Bild hinter der Emotion der Liebe zu stehen – ein Paar »geheimnisvoller Fremder – geheimnisvolle Fremde« in der eigenen Psyche erlebbar wird. Dieses Phänomen ist auch bei Menschen, die Menschen des gleichen Geschlechtes lieben, zu sehen. Diese Bilder des »inneren« Paares, die offenbar mit einem anderen Menschen geteilt werden können, vermitteln das Gefühl von Liebe, Glück, Ganzheit, Ewigkeit.[22]

Der Grüne Ritter[23]

Es war einmal ein König, der war Witwer und hatte eine einzige Tochter. Es gibt ein altes Sprichwort: »Witwerleid ist wie Ellenbogenstöße, es tut weh, aber es geht bald vorüber.« Und so verheiratete er sich mit einer Königin, die zwei Töchter hatte.

Auch diese Stiefmutter war nicht besser als alle Stiefmütter, schlimm und boshaft war sie gegen die Stieftochter.

Nach einiger Zeit, als die Prinzessinnen erwachsen waren, brach ein Krieg aus, der König mußte ausziehen, für Land und Reich zu kämpfen. Die drei Töchter durften sich etwas wünschen, was der König mit heimbringen würde, sobald er die Feinde besiegt hätte. Die Stieftöchter durften zuerst sagen, was sie sich wünschten. Ja, die erste bat um ein goldenes Spinnrädchen, so groß, daß es auf einem silbernen Achtschillingstück stehen könne. Die andere bat um ein Goldapfelbäumchen, so groß, daß es auf einem silbernen Achtschillingstück stehen könne. Das wollten sie haben. Diese Dinge waren nun weder zum Spinnen noch zum Ernten zu gebrauchen, zu gar nichts. Aber seine eigene Tochter, die wollte nichts anderes haben, als daß er den grünen Ritter grüßen solle.

Der König zog in den Krieg und gewann ihn, und dann kaufte er das, was er den Stieftöchtern versprochen hatte. Das, worum ihn seine eigene Tochter gebeten hatte, war vollkommen vergessen. – Weil er den Krieg gewonnen hatte, gab er ein Gastmahl. Dabei sah er auf einmal den grünen Ritter, und dadurch erinnerte er sich an den Wunsch, und so richtete er ihm die Grüße seiner Tochter aus. Der Ritter dankte ihm für die Grüße und gab ihm ein Buch, das wie ein Gesangbuch aussah, mit Buchdeckeln zum Zuschnallen und

Verschließen. Das sollte der König mitnehmen und ihr geben. Aber aufschließen dürfe er es nicht, und auch sie dürfe es nur aufschließen, wenn sie allein wäre.

Als der König mit Krieg und Gastmählern fertig war, kam er wieder nach Hause. Kaum war er zur Tür hereingetreten, umringten ihn die Stieftöchter schon und fragten nach dem, was er ihnen mitgebracht hätte. Ja, er hatte beides mitgebracht. Aber seine eigene Tochter hielt sich zurück und fragte nicht. Und der König hatte es auch vergessen. Aber einmal, als er ausgehen wollte, trug er wieder denselben Rock, den er zu dem Gastmahl getragen hatte. Und als er in die Tasche griff, um sein Taschentuch herauszuziehen, kam ihm das Buch in die Hände. Jetzt gab er es ihr und sagte, er solle grüßen, das schicke ihr der grüne Ritter und sie solle es nur aufschließen, wenn sie allein wäre.

Am Abend, als sie allein in ihrer Schlafkammer war, schloß sie das Buch auf, und da hörte sie eine Melodie, die so schön war, wie sie noch keine gehört hatte, und dann kam der grüne Ritter. Er sagte, daß dies Buch so beschaffen sei: Sobald sie es aufschlösse, käme er zu ihr, wo sie auch sei, und wenn sie es wieder zuschlösse, sei er im selben Augenblick verschwunden.

Ja, am Abend, wenn sie allein und in Ruhe war, öffnete sie das Buch manchmal, und der Ritter kam stets zu ihr. Sie sahen sich sehr oft. – Aber die Stiefmutter steckte ihre Nase in alles, ihr schien es, daß da jemand drinnen bei ihr sei, und sie sagte es sofort dem König. Der wollte es aber nicht glauben, das müsse er erst selbst sehen, und sie solle es ihm zeigen. Eines Abends standen sie außen vor der Tür und lauschten, und da schien es zuerst, als ob jemand drinnen spräche. Als sie aber hineinkamen, war niemand da. »Mit wem hast du gesprochen?« fragte die Stiefmutter hart und rauh. »Es war niemand hier«, sagte die Königstochter. »Ich habe es aber ganz deutlich gehört«, beharrte die Königin. »Ich las noch in einem Gebetbuch.« »Zeige es mir«, sagte die Königin. »Ja, das ist aber doch wirklich nichts anderes als ein Gebetbuch und das muß sie doch lesen dürfen«, sagte der König. Doch die Stiefmutter glaubte dasselbe wie vorher. Sie bohrte ein Loch in die Wand und lauerte. Eines Abends hörte sie, daß der Ritter da war. Sie riß die Tür auf und fuhr wie ein Wind zur Stieftochter hinein. Aber diese hatte das Buch schnell geschlossen, und fort war er in aller Eile. Aber so schnell es auch ging, so hatte doch die Stiefmutter einen Hauch von ihm gesehen, und sie war gewiß, daß jemand da gewesen war.

Nun geschah es, daß der König auf eine lange Reise gehen mußte. Sofort ließ die Stiefmutter ein tiefes Loch in die Erde graben und dahinein ein Haus mauern. Aber in die Mauern ließ sie Rattenpulver legen und andere starke Gifte, damit nicht einmal eine Maus hereinkommen könne. Den Maurermeister bezahlte sie gut, und er mußte versprechen, aus dem Lande zu reisen. Aber das tat er nicht. Er blieb, wo er war. Die Königstochter wurde hinuntergeführt mit ihrer Dienstmagd, und der Gang wurde so weit zugemauert, daß nur ein kleines Loch offen blieb, um ihnen Speise durchzureichen. Hier unten saß sie nun und trauerte, und die Zeit wurde ihr lang und länger. Da erinnerte sie sich, daß sie ja das Buch mit hinuntergenommen hatte. Sie nahm es zur Hand und schloß es auf. Zuerst hörte sie dieselbe schöne Melodie, welche sie immer gehört hatte, danach aber einen unglücklichen Jammerlaut, und dann erschien der grüne Ritter. »Ich werde in der nächsten Zeit sterben müssen«, sagte er, und dann erzählte er, daß die Stiefmutter starkes Gift in die Wände gemischt hätte, und er wüßte nicht, ob er lebend wieder herauskäme. Als sie das Buch wieder schließen mußte, hörte sie denselben unglücklichen jammernden Laut.

Aber die Dienstmagd, die sie bei sich hatte, besaß einen Liebsten. Der bekam Botschaft zugesendet, er solle zum Maurermeister gehen und ihn bitten, das Loch so groß zu machen, daß sie wieder hinaufkriechen könnten, die Königstochter würde ihn so gut bezahlen, daß er sein Lebtag genug haben würde. Und er tat es auch wirklich. Sie schlüpften heraus und reisten weg in fremde Länder, und wohin sie auch kamen, die Königstochter und die Dienerin, überall fragten sie nach dem grünen Ritter.

Nach langer Zeit kamen sie zu einem Schloß, das war ganz schwarz verkleidet. Und als sie hinaufgehen wollten, kam ein Regenguß über sie, so daß die Königstochter Schutz suchte unter dem überdachten Umgang der Kirche. Dort wollte sie den ärgsten Regen abwarten. Als sie dort stand, kam ein alter Mann und ein junger Mann, die auch vor dem Regen Schutz suchten. Aber die Prinzessin zog sich in den Winkel zurück, so daß sie nicht gesehen wurde.

»Wie kommt es, daß dies Königsschloß schwarz verhangen ist«, fragte der Junge. »Weißt du das nicht«, sagte der alte Mann, »der Prinz dort oben ist todkrank, früher nannten sie ihn den grünen Ritter.« Und dann erzählte er, wie das zugegangen war. Als der Junge das gehört hatte, fragte er, ob denn niemand da sei, der ihn wieder gesund machen könne. »Nein, da gibt es nur noch den einen Weg, daß die Jungfrau, welche in dem Haus unter der Erde sitzt, kommt und heilkräftige Kräuter auf den Feldern pflückt, sie in süßer Milch kocht und ihn dreimal damit wäscht.« Und dann zählte er all die Kräuter auf, die ihn gesund machen würden. Das hörte die Prinzessin und merkte sie sich gut. Als sie nach

Haus kam, ging sie gleich hinaus in Feld und Wald und sammelte die Kräuter. Auch die Dienstmagd pflückte und sammelte früh und spät all die Kräuter, die sie zum Kochen brauchten. Dann kaufte sich die Königstochter einen Doktorhut und ein Doktorgewand, ging hinauf zum König und erbot sich, den Prinzen gesund zu machen.

Nein, das könne alles nichts nützen, sagte der König, so viele hätten das schon versucht, aber es sei nur schlechter statt besser geworden. Sie gab sich damit nicht zufrieden, sondern versprach, daß es ganz sicher besser werden würde und sogar sehr bald. Also gut, sie bekam schließlich die Erlaubnis, es auszuprobieren. Sie kam herein zum grünen Ritter und wusch ihn das erste Mal. Als sie den andern Tag wieder kam, ging es ihm schon so viel besser, daß er im Bett sitzen konnte. Da wusch sie ihn das zweite Mal, und am nächsten Tag konnte er schon in der Stube umhergehen. Da wusch sie ihn das dritte Mal, und am folgenden Tage war er frisch und gesund wie ein Fisch im Wasser. Er könne hinaus auf die Jagd gehen, sagte der Doktor. Da war der König so glücklich wie ein Vogel an sonnenlichten Tagen und dankte dem Doktor. Aber der »Doktor« wollte heim. Dort warf sie Hut und Gewand von sich, schmückte sich und bereitete eine Mahlzeit.

Sie schlug das Buch auf, da ertönte dieselbe schöne, frohe Melodie wie ehedem, und mit einem Male kam der grüne Ritter. Er wunderte sich, wie sie hierhergekommen sei, und da erzählte sie ihm, was sich alles zugetragen hatte. Als sie nun beide gegessen und getrunken hatten, nahm er sie mit hinauf zum Schloß und erzählte dem König die ganze Geschichte von Anfang bis zu Ende.

Nun wurde Hochzeit gehalten und ein großes Fest gefeiert, und als sie damit fertig waren, reisten sie heim. Das war eine große Freude für ihren Vater. Aber die Stiefmutter nahm man und sperrte sie in eine Nageltonne und rollte sie den Berg hinab.

⬣

Dieses Märchen ist ein norwegisches Märchen. Wir haben wiederum eine Tochter mit einer verhältnismäßig engen Bindung zum Vater. Im Märchen geht es deshalb auch darum, daß die Tochter sich ablösen muß, um sich einem Mann zuwenden zu können. Das kann als äußere Beziehung verstanden werden oder als Entwicklungsschritt, der bewirkt, daß ihr Ichkomplex nicht mehr dem Vaterkomplex verhaftet bleibt; das heißt, daß sie eigenständiger wird, herausfindet, was sie selbst möchte, wer sie selbst ist.

Dieses Familiensystem, aus dem sich die Tochter herausentwickeln muß, ist nun wiederum durch ein ganz spezielles Problem ausgezeichnet: Es herrscht eine ausgeprägte Beziehungslosigkeit. Der Satz: »Witwerleid ist wie Ellbogenstöße, es tut weh, aber es geht bald vorüber«, ist ein ausgesprochen zynischer Satz. Die verstorbene Frau wird dann auch gleich ersetzt. Die Tochter muß sich also nicht nur vom Vater ablösen, sie muß dabei auch ein Beziehungsdefizit aufarbeiten. Man bekommt zusätzlich am Anfang des Märchens schnell den Eindruck, daß viel Unfriede im Haus herrscht, was im Märchen damit zum Ausdruck gebracht wird, daß der König in den Krieg ziehen muß. Möglicherweise heißt das, daß der Unfriede im Haus gleich in die Welt hinausprojiziert wird, ein weltpolitisches Ereignis ist und daß In-den-Krieg-Ziehen das Bild dafür ist. Es kann aber auch einfach heißen, daß in diesem System Unfrieden herrscht und Auseinandersetzung not tut.

Jetzt, da dieser Unfriede offengelegt wird, der König in den Krieg zieht, da wird doch ein bißchen etwas von Beziehung sichtbar: Die drei Töchter dürfen sich etwas wünschen. Wünsche sind etwas ausgesprochen Wichtiges im Märchen – und auch im Leben, denn mit Wünschen erweitern wir uns den Lebensraum; der Wunsch ist eine Selbstdefinition auf die Zukunft hin. Was möchte ich haben, was würde zu mir passen, was habe ich eigentlich für einen Wunsch ans Leben? Mit den Wünschen entwerfen wir uns in die Zukunft hinein. Es ist nicht einfach etwas Irreales oder Ausdruck von Gier, sondern es ist wirklich eine Ausweitung des Lebensraums.

Was wollen die Töchter? Der Erzähler oder die Erzählerin – ich weiß nicht, wer das Märchen erzählt hat – wird ja nicht müde zu sagen, daß die ersten beiden Töchter etwas ganz Unsinniges sich wünschen und erst die dritte Tochter mit dem Gruß an den grünen Ritter etwas Vernünftiges. Wir kennen aus Parallelmärchen wesentlich unvernünftigere Wünsche: Da will die eine wunderschöne Kleider, die andere will einfach Schmuck haben usw. Hier habe ich das Gefühl, daß die Wünsche mehr symbolisieren als die Sehnsucht nach dem »glitzernden Leben«.

Das Spinnrädchen erinnert uns daran, daß der Lebensfaden gesponnen werden muß, daß das Schicksal seinen Lauf nehmen muß. Apfelbäume mit goldenen Äpfeln erinnern an die Äpfel der Hesperiden. Die Mutter Erde hatte der Göttin Hera zur Hochzeit einen solchen Apfelbaum geschenkt, der von den Töchtern des Atlas, den Hesperiden, und dem ewig wachsamen Drachen Ladon gehütet wurde. Die goldenen Äpfel sind ein Geschenk der Mutter Erde zur Hochzeit ihrer Tochter. Dadurch, daß ein Gott und eine Göttin in der heiligen Hochzeit sich miteinander paaren, wird die Fruchtbarkeit der Erde garantiert und erhalten, wird recht eigentlich Auferstehung alles Toten erreicht und damit die Erhaltung der Schöpfung. Die goldenen Äpfel der Hesperiden galten denn auch als Symbole der Unsterblichkeit, einer Unsterblichkeit im Zusammenhang mit der Liebe und der Fruchtbarkeit, die von der Mutter Erde geschenkt werden, der weiblichen Göttin. Deshalb fordern Prinzessinnen goldene Äpfel auch oft als Liebesgabe von den Märchenhelden. Sie müssen damit zeigen, daß sie an der Liebe, an ihrer Fruchtbarkeit, aber auch an dem Tod, der ihr innewohnt, und den Kräften der Wiedergeburt Anteil haben. Unser Baum im Märchen trägt aber diese goldenen Äpfel nicht mehr; das Symbol der ewigen Fruchtbarkeit, das mit der Liebesgöttin in Zusammenhang steht, gibt es nicht mehr, ja sogar der Baum, auf dem diese Äpfel gewachsen sind, ist krank oder gar abgestorben.

Der Baum ist eines der bedeutendsten Symbole. Er wird oft mit dem Menschen verglichen: Er steht aufrecht wie ein Mensch, wächst, blüht, trägt Früchte und verliert sie, vergeht. Er ist in den Rhythmus der Jahreszeiten eingebunden. Oft wird der Baum auch zum Symbol der ganzen Menschheit: Wurzelnd in der Erde, sich ausbreitend in die Welt hinein, strebt sie wie er zum Himmel und verbindet so Unterirdisches mit Überirdischem. Insofern gibt der Baum auch eine Deutung des Menschseins: Wachsend, den Rhythmen der Jahreszeiten entsprechend in dauernder Wandlung, soll der Mensch seinen Urgrund mit dem Himmlischen verknüpfen, soll er Erdhaftes und Himmlisches miteinander verbinden.

Hier sind also keimhaft, modellhaft Wünsche ausgedrückt nach einem geglückten Leben und nach Liebe.

Die dritte Tochter bittet den Vater, einen Gruß an den grünen Ritter zu überbringen. Sie hat offenbar einen Beziehungswunsch; wir können auch sagen: Was in den Wünschen der ersten beiden Töchter – das sind ja auch Persönlichkeitsaspekte von ihr – ausgedrückt ist, das wird nun konkreter in ihrem Beziehungswunsch, in ihrer Sehnsucht nach dem grünen Ritter, der uns geheimnisvoll anmutet. Es handelt sich dabei um die Personifikation eines geheimnisvollen Fremden. Diese geheimnisvollen Fremden faszinieren und erschrecken, sie sind Bilder der Sehnsucht nach dem ganz anderen.

Wie sieht denn eigentlich der grüne Ritter aus? Wir kennen die Farbe Grün im Zusammenhang mit dem Keimenden, mit dem Werdenden, mit Anfangsstadien – da ist einer etwa noch ein »grüner Junge«. Grün ist sowohl die Farbe der Natur, die Farbe des natürlichen Wachstums als auch die Farbe der Unreife; und es gibt zudem auch noch ein giftiges Grün.

In der ägyptischen Mythologie wird Osiris dann der Grüne genannt, wenn er der Gott der Auferstehung ist, was auch auf den Frühling verweist. Das können wir gut nachfühlen; denn hier in Mitteleuropa verbinden wir die Farbe Grün und das erste wachsende Grün auch mit Frühling, mit dem Aufbrechen der Natur, mit einer neuen Hoffnung. Auch zu Mercurius, der als Naturgeist galt, gehört die Farbe Grün – und Grün ist auch die Farbe des Geistes in der Natur, die Kraft des Werdenden, aber auch die ganze Kraft des Vegetativen, diese Kraft, die man so leicht auch mit dem Erotischen in Verbindung bringt. Mercurius gilt als der Grüne – und das ist oft im Märchen auch der Teufel. Diese Grünkraft, wie es Hildegard von Bingen nennen würde, die Kraft im Werden, die viel mit Erotik, mit Sexualität, mit Wachsen, mit Werden ganz allgemein zu tun hat, der Lebensdrang in all seinen Ausprägungen ist ja auch bei uns oft verteufelt worden. Deshalb wird der Teufel gelegentlich auch der Grüne genannt.

Auf diesen grünen Ritter also konzentriert sich nicht nur die Hoffnung auf das ganz andere, mit ihm verbindet sich ganz allgemein viel Hoffnung auf etwas Neues, auf neues Leben, auf neue Lebendigkeit, neuen Eros, neue Lebenskraft, wobei Hoffnung und Angst zunächst einander die Waage halten.

Ganz anders ist dieser Fremde nun aber auch wieder nicht, denn der Vater scheint ihn zu kennen. Er könnte also ein fremd gewordener Anteil des Vaters sein. Diese geheimnisvollen Fremden haben – von der weiblichen Psychologie aus gesehen – oft etwas zu tun mit der Seite des Vaters, die er nicht oder die er nur sporadisch gelebt hat. Dazu würde passen, daß er ständig den Wunsch vergißt, er vergißt die Tochter, den grünen Ritter, dann vergißt er wieder das Gebetbuch. Ein Glück nur, daß er wieder einmal die gleiche Jacke anzieht, sonst wäre dieses Gebetbuch einfach verloren gegangen!

Animusentwicklung, und darum geht es in der Annäherung an den grünen Ritter, hat etwas mit unserem Vaterkomplex zu tun, hat etwas mit unseren Vätern zu tun, bei Männern und bei Frauen, aber es hat auch etwas zu tun mit Ablösung und mit der Faszination durch das ganz andere.

Interessant ist, daß der grüne Ritter, den wir eher dem Grünbereich des Vegetativen zuordnen würden, dem Vater ein Gebetbuch oder ein Gesangbuch mitgibt. In ihm verdichten sich offenbar zwei verschiedene, große Lebensbereiche: Grün steht im Zusammenhang mit der Natur, auch mit der Natur des Menschen, mit seiner ganzen Sinnenhaftigkeit, die ja sehr viel weiter ist als Sexualität und diese natürlich mit einschließt, eben mit dem, was verteufelt worden ist, weil es wohl nicht so ganz zum christlichen Gedankengut passen will. Ausgerechnet dieser grüne Ritter übergibt das Gesang- oder das Gebetbuch: Schließt man dies auf, dann erschließt sich offenbar der grüne Ritter. Da wird Innenraum eröffnet. Man könnte also sagen, daß durch eine konventionelle Frömmigkeit diese Sehnsucht nach dem ganz anderen, nach diesem Grünen, leicht Verbotenen, erschlossen wird. Durch ihre Beziehung zu geistig Religiösem, was sie ja als Vaters Tochter durchaus hat, spürt sie zunächst sehr feine Gefühlsregungen in sich – die schöne Melodie, die erklingt –, die eine Offenheit zur Transzendenz anzeigen, sie in eine erwartungsvolle Stimmung bringen –, und dann steigt in ihr die Phantasie vom grünen Ritter auf.[24] Ich sehe das Aufschlagen des Buches als das Eintreten in eine sehr lebendige Imagination mit diesem grünen Ritter. Ihn stellt sie sich in der Phantasie vor, da hat sie einen Geheimnisraum, da hat sie etwas eigenes, eine wunderbare leicht erotisch getönte Phantasie.

Diese Situation könnte auch auf eine Beziehung übertragen werden, auf eine Beziehung, bei der sehr wenig realer, konkreter Kontakt stattfindet, bei der indessen ungeheuer viel Phantasie und Sehnsucht die fehlende reale Begegnung ersetzt. Das Grüne, dieses Lebensvolle, dieses Vitale, dieses naturhaft Sinnenhafte, steht in einem gewissen Gegensatz zum Gebetbuch, sagte ich. Weil diese Phantasie in sich ambivalent ist, auf der einen Seite heilig, aber auf der anderen Seite wahrscheinlich ganz unheilig – ich kann mir nicht vorstellen, daß man mit einem grünen Ritter nur so schön redet –, kommt hier religiöses und erotisches Erleben zusammen und löst natürlich auch das schlechte Gewissen aus: Das darf eigentlich nicht sein.

Das schlechte Gewissen ist in diesem Märchen dargestellt durch die Stiefmutter, die ja sehr deutlich die Funktion von

Kontrolle und Abwehr verkörpert. Die bohrt richtig. Sie verkörpert das bohrende schlechte Gewissen, Selbstvorwürfe, Schuldgefühle, etwa: »Ich darf doch nichts Gutes haben, und das, was ich habe, darf ich schon ganz und gar nicht haben.« Hier wird der Mutterkomplex in der negativen Wirkung sehr sichtbar: »Du hast eigentlich keine Daseinsberechtigung, und wenn es dir auch gut geht, dann darf es dir eigentlich nicht gut gehen.« Das ist eine ungeheuer tragische Folge des Mutterkomplexes in seiner negativen Auswirkung: das Gefühl, es dürfe uns nicht gut gehen, wir hätten keine Daseinsberechtigung.

Das Märchen sagt, eine solche Haltung vergifte die ganze Situation. Diese Selbstvorwürfe, dieses Bohren, und daß man sich keine Daseinsberechtigung zugesteht, all das vergiftet langsam den Innenraum. Zunächst existiert wenigstens der Vater, der halbherzig schützt; auch hat die Tochter Persönlichkeitsanteile in sich, die vom Vater in ihr belebt worden sind und die ihr ein Lebensrecht, auch einen eigenen Lebensbereich zugestehen. Diese lebensfördernde Seite ist im Fortgang des Märchens in der Dienerin verkörpert, die zudem noch den gesunden, praktischen Menschenverstand vertritt und symbolisiert.

Dann aber muß der Vater auf die Reise gehen. Es ist ein bekanntes Ärgernis im Märchen: Wann immer man die Väter dringend brauchte, gehen diese auf eine Reise. Im Märchen hat das auch einen Sinn, psychologisch kann man es verstehen: Wenn eine Beziehung zu einem inneren geheimnisvollen Fremden einsetzt, dann darf der Vater gar nicht mehr so wichtig sein, weil ja sonst dieser geheimnisvolle Fremde immer mit dem Vater verflochten bleiben würde oder eben die Entwicklung gestoppt würde. Das heißt, die Entwicklung aus dem Vaterkomplex heraus, die durch die

Sehnsucht nach dem geheimnisvollen Fremden von der Psyche selbst als Entwicklungsschritt eingeleitet wird, würde nicht aufgenommen werden.

Es gibt einen zweiten Grund für die Abwesenheit des Vaters: Um nicht eine abgeleitete Identität zu bekommen, um nicht eine Tochter zu werden, die vom Vaterkomplex und von den Vätern bestimmt wird in ihrer Identität, ist die Auseinandersetzung mit dem Mutterkomplex nötig. Mit dem Mutterkomplex, wie er sich halt in dieser Situation zeigt, in diesem sehr vergifteten Aspekt. Man kann sich auch das gut praktisch vorstellen: Immer dann, wenn wir uns lebensvolle Phantasien versagen, wenn wir uns kreative Phantasien versagen, weil sie aus irgendeinem Grunde nicht ganz akzeptabel sind, dann werden wir ganz leicht destruktiv. Für mich ist Destruktivität sehr deutlich verbunden mit dem Abblocken der Kreativität.

Das Märchen zeigt, daß die Tochter sich jetzt mit der destruktiven Macht des Mutterkomplexes auseinandersetzen muß, um zu ihrer eigenen Identität zu finden, damit sie dann mit diesem geheimnisvollen Fremden in eine Beziehung treten kann. Die Auseinandersetzung mit der destruktiven Wirkung des Mutterkomplexes führt sie in dieses tiefe Loch in der Erde, immerhin: ein Loch in der Erde. Es gibt vergleichbare Situationen in Märchen, da kommt sie nicht in ein Loch in der Erde, sondern auf einen Glasberg oder auf einen Berg. Der Vater ist in jenen Märchen noch weniger bezogen auf seine Tochter als bei diesem Märchen hier. Beim Loch in der Erde – so schrecklich das Bild ist – drängt sich doch der Gedanke auf, daß sie geerdet wird, daß sie auf den Grund kommt, nämlich auf den Grund des Problems, und daß sie nicht einfach weit erhoben ist über das Problem, abgeschnitten, im luftleeren Raum, und sich daher gar nicht mit diesem Problem auseinandersetzen könnte. Dieses Haus, das da in das Loch gesetzt wird, ist aber schrecklich vergiftet. Ist dieses Haus ein Symbol für ihre Persönlichkeit[25] in der aktuellen Befindlichkeit, dann dürfte sie isoliert, sicher depressiv sein, ein Mensch, der abgeschlossen wirkt, verschlossen, »eingemauert« ist, »vermauert« und wahrscheinlich gar nicht wenig Gift nach außen abgibt. Dieses Eingemauertsein ist kein friedlicher Zustand, weder für die Menschen, die sich eingemauert haben, noch für die Menschen, die um sie herum sein müssen. So schrecklich es aussieht, dieses Bild, so schrecklich es einen auch anmutet, es geht um die notwendige Auseinandersetzung mit sich selbst als vergiftetem und vergiftendem Menschen.

Endlich erinnert sich die Tochter auch wieder an das Gesangbuch – und das ist ja wohl das erste Auftauchen aus dieser Depression: Sie erinnert sich daran, daß es einmal auch noch etwas Faszinierendes in ihrem Leben gab. Aber gerade diese Erinnerung stürzt sie ins tiefste Elend. Man hört den Schrei des Ritters, den Ausdruck der größten Not. Sie muß das Gefühl haben, das Liebste, das ihr geblieben ist, zerstört zu haben. Jetzt wird es ihr wohl bewußt geworden sein, daß sie alles vergiftet hat. Wenn wir das Beschwören des grünen Ritters als eine Phantasie für gelingendes Leben auffassen, das mit Eros und mit Spiritualität verbunden ist, dann ist auch diese Phantasie jetzt vergiftet. Sie merkt jetzt wahrscheinlich erst, was sie die ganze Zeit getan hat. Bittere Selbsterkenntnis als Tiefpunkt. Dieser Tiefpunkt wird jetzt überschritten: Sie hat das Leid ausgehalten, sie hat sich erschrocken über das Gift, und der grüne Ritter in der alten Form ihrer Jugend muß auch sterben, muß sich wandeln, er müßte ja nur nicht gleich so schrecklich vergiftet werden.

Jetzt kommen die Dienstmagd und ihr Geliebter auf den Plan: Neues bahnt sich an. Die Dienstmagd und ihr Geliebter, das ist wie Papagena und Papageno in der Zauberflöte, das Buffo-Paar. Es ist das erste Paar in diesem Märchen, das überhaupt eine Beziehung hat. Die Dienstmagd und ihr Geliebter symbolisieren konkrete Möglichkeiten der Lebensbewältigung und wecken die Hoffnung auf Beziehung, obwohl jetzt gerade die Trennung vom grünen Ritter erlebt worden ist; sie stehen für das Anpackenkönnen, was man eben auch kann, wenn man als Tochter einen positiven Vaterkomplex hat. In diesem Paar können auch einfach grundlegende Überlebensinstinkte ausgedrückt sein. Es geht uns ja manchmal unendlich schlecht, und plötzlich merken wir, daß unser Körper laufen will oder daß unser Körper essen will usw., obwohl wir denken, wir wollten eigentlich gar nichts mehr, wir hätten keinen Wunsch mehr ans Leben. Wir scheinen über solche basalen Überlebensinstinkte zu verfügen, und dann folgen wir letztlich doch auch den Visionen vom besseren Leben. Diese Lebensinstinkte sagen der Tochter, daß sie ihre jetzige Lebenssituation endgültig verlassen, den grünen Ritter suchen und finden muß. Sie muß anerkennen, daß sie äußerst verletzend, vergiftend war.

Der Maurer kann helfen. Er ist übrigens die einzige Person im Märchen, die der Stiefmutter Widerstand geleistet hat. Er sollte in ein anderes Land gehen, aber er tat es nicht. Alle Persönlichkeitsanteile, die nicht unter der Dominanz des vergiftend wirkenden Mutterkomplexes standen, ermöglichen eine Öffnung zu einem Leben hin, das nicht mehr unter der Herrschaft dieser Mutter steht.

Aber damit dies gelingt, muß man sich abgrenzen, auf die Fahrt gehen, Neues erfahren. Tochter und Dienerin verlassen das alte System mit dem Ziel, die zentrale Lebensphantasie wiederzufinden und ins Leben einzubauen, und die Tochter will auch die Verantwortung fürs Gift übernehmen. Sie will das Vergiftete und auch das Vergiftende hinter sich lassen. Jetzt geht es um das Heilen.

Nach langer Zeit – wir können uns vorstellen, daß weite Wege zurückgelegt sind und daß die beiden Frauen sich dabei mit der Natur auseinandersetzen mußten – kommen sie zu dem schwarz verkleideten Schloß, dem sichtbaren Zeichen der Trauer und der Depression, die jetzt öffentlich ist und damit auch angehbar. Der Regenguß – Regen löst im Märchen immer die Spannung – treibt sie unter das Kirchendach. Dort hört sie, was getan werden muß. Während zuvor die religiöse und die grüne Seite in einem gewissen Widerspruch standen, auch kollektiv gesehen, ist hier nun eine erste Verbindung durch die beiden Männer gegeben, die um das Unglück des grünen Ritters wissen, aber auch um die Heilmittel. Im Raum der Kirche werden die Heilmittel der Natur erwähnt, die dem grünen Ritter helfen könnten. Da die Tochter von einem positiven Vaterkomplex geprägt ist, kann das Männliche wieder hilfreich sein, können hilfreiche männliche Anteile in ihr Ideen vermitteln dafür, was zu tun ist: Kräuter suchen. Sie muß das, was aus der Mutter Erde an Heilendem wächst, einbringen und muß es in süßer Milch kochen. Die Milch ist die Nahrung der Kuh, die selbst ein Symbol der Fruchtbarkeit spendenden und ernährenden Großen Mutter ist. Mit der Milch kann Gift »entgiftet« werden im Märchen. Wenn sie Heilkräuter sucht und sie in Milch badet, bewegt sie sich im Bereich der lebensspendenden Großen Mutter – ein Gegenbereich zum Bereich der vergiftenden Mutter. Das heißt, sie muß Seiten in sich finden, die heilend sind und nicht vergiftend. Sie geht auf eine liebende Suche, sie denkt heilend an den Ritter, nicht mehr vergiftend. Sie erlebt sich als Frau, die heilen, nicht nur vergiften kann. Das gibt ihr das Gefühl einer neuen Identität. Erst jetzt, nachdem sie den Kontakt zu dieser heilenden Seite in sich gefunden hat, kann sie sich wirklich mit der vergifteten Seite in Beziehung setzen – wenn wir den grünen Ritter zunächst einmal als eigene innere Seite, die sich in Phantasien äußerte, sehen wollen.

Beziehungsmäßig würde man in einer Situation, die so vergiftet ist, auch Gift in der Beziehung mit dem konkreten Mann wirken lassen. Aussagen wie: »Männer wollen ja nur das Eine«, »Sie sind ja nur ...«, »Das ist doch alles ...«, »Das darf man doch alles gar nicht dürfen wollen«, zeigen, daß eine »vergiftete« Animusprojektion auf den Mann stattfinden kann. Das Projizieren der eigenen vergifteten männlichen Seite auf den konkreten Mann müßte aufhören. Intrapsychisch müßte man das Sich-Identifizieren mit dem Vergiftetsein aufgeben, das heißt aber auch, daß man sehr viel Macht aufgeben müßte. So eine richtige Giftspritze zu sein, gibt ja auch sehr viel Macht. Als Giftspritze können wir die anderen fertig machen – leider machen wir uns dabei selber auch total fertig. Dieses Giftspritzen müßten wir in die eigene Verantwortung nehmen: Wir müßten die Vergiftungssucht aufgeben.

Beim Waschen des Mannes wird nun die Beziehung konkret. Wenn man einen Mann wäscht, kommt man nicht umhin, seinen Körper wahrzunehmen. Das würde heißen, sie geht als neue Frau auch wirklich konkret an einen Mann heran, nimmt ihn wahr, nimmt ihn individuell wahr, beschäftigt sich auch mit seiner Haut, diesem Kontakt- und Beziehungsorgan. Jetzt ist er nicht mehr nur das Bild des grünen Ritters, sondern ein Mensch aus Fleisch und Blut, und deshalb wird er auch wieder gesund. Daß sie mit Doktorhut und Doktorgewand angetan zum Heilungsprozeß geht, ist eine Anpassung an die Umstände. Als Kräuterfrau wäre sie wahrscheinlich hinausgeworfen worden. Das hängt auch mit der Zeit zusammen, in der das Märchen geschrieben wurde.

Besonders interessant ist die Schlußszene – praktisch die Wiederholung des Anfangs: Sie macht sich schön, sie richtet das Essen; das ist neu und zeigt, daß leibliche Bedürfnisse jetzt existieren dürfen. Dann nimmt sie wiederum das Gebetbuch, öffnet es, und wieder erscheint der grüne Ritter. Es ist das Wesen der Verliebtheit, daß in der Begegnung mit dem konkreten Mann das innere Bild des faszinierenden Fremden auch mitschwingen kann. Dadurch ist dieser konkrete Mann eben nicht nur ein konkreter Mann, in ihm sind auch fremde geheimnisvolle Seiten erahnbar und erlebbar. Die Spaltung – hier ein Mann fürs praktische Leben, dort ein Mann zum Träumen davon – ist aufgehoben, wenn die Projektion des beherrschenden inneren Bildes auf einen konkreten Mann möglich ist. In diesem Fall ist man verliebt – so sagen uns die Märchen.

Im Märchen müssen die handelnden Personen immer darüber sprechen, wie alles gekommen ist. Sie müssen sich darüber bewußt werden, was geschehen ist, was zum Unglück und was wiederum zum Glück führte.

Der Vater des grünen Ritters ist glücklich wie ein Vogel im Sonnenlicht am Tage – eine unheimlich schöne Beschreibung für die Freude eines Königs; daß die sich so sehr freuen können, wird sonst eher selten erzählt. Dieser König hat getrauert, und jetzt kann er sich auch freuen. Er steht in einer Beziehung und nimmt diese auch ernst – hier ist auch im Zusammenhang mit dem grünen Ritter eine neue Vaterqualität gewonnen worden.

Auch in diesem Märchen bleibt eine beachtliche Vatergebundenheit bestehen. Aber innerhalb dieser Vatergebundenheit ist die Problematik von Vergiften und Vergiftetwerden aufgehoben worden. Die Königstochter hat mehr als nur diese stiefmütterliche Seite in sich selbst überwunden, diese stiefmütterliche Seite, die ihr nichts gönnt und die man deshalb auch in die Nageltonne hineingeben kann – die ist energisch zu eliminieren. Die Königstochter hat sich auch mit der Kräuterfrau-Seite in sich verbunden.

Schlußszenen wie in diesem Märchen muten uns immer sehr brutal an, wir sind dann am Schluß zerfallen mit dem Märchen. Vielleicht ist das auch nötig und wichtig, weil wir uns damit vom Märchen abgrenzen. Unser Problem scheint mir aber dieses zu sein: Weil so viel Gewalt gegen Frauen ausgeübt wurde im Laufe der Geschichte, können wir bei diesen Szenen der Gewalt nicht mehr symbolisch denken. Es ist aber unsinnig, daß wir gerade hier aufhören, symbolisch zu denken. Wir müssen sehr wachsam sein auf jedes Ausüben von Gewalt gegen Frauen, aber auch gegen Menschen und gegen die Natur ganz allgemein. Dennoch müssen wir die Schlußszenen dieser Märchen auch symbolisch verstehen: Die eigene stiefmütterliche Seite, die uns alles vergiftet, die uns auch so vergiftend macht, die müssen wir energisch daran hindern weiterzuleben, sie darf wirklich sterben – und wenn möglich als etwas Besseres auferstehen.

Die Faszination in der Verliebtheit und die Faszination in der Liebe hängen damit zusammen, daß das Bild des geheimnisvollen Fremden, der geheimnisvollen Fremden oder gar des geheimnisvollen fremden Paares in der eigenen Psyche sich konstellieren und auch auf den Partner oder die Partnerin projiziert werden kann. Diese Projektionen beleben wiederum ähnliche Bilder in der eigenen Psyche – es werden

»fremde« Anteile belebt, herausgeliebt, die die Hoffnung stimulieren »ganz anders« werden zu können, Hoffnung auf Wandlung über alles Gewordensein hinaus – durch die Liebe.

Diese inneren Bilder der oder des geheimnisvollen Fremden oder des geheimnisvollen, faszinierenden fremden Paares sind Bilder, die die meisten Menschen ansprechen, bei den meisten bewußt vorhanden sind und ähnliche Phantasien auslösen. Sie sind eingefärbt durch Elternbeziehungen, Geschwisterbeziehungen, durch frühere Lieben, die wir gehabt haben. Dieses geheimnisvolle Fremde, was uns eben das Fremde, das ganz andere, in unser Leben hineinbringt, das fasziniert uns, und das erschreckt uns auch. Fasziniert uns das Fremde, dann wollen wir ihm begegnen, sonst wehren wir ab. Sehr oft sind ja Menschen, die diese Bilder des geheimnisvollen Fremden verkörpern, so erschreckend, daß wir wieder ins Vertraute flüchten. Das heißt im Hinblick auf Beziehungen, daß wir doch wieder lieber eine Beziehung haben, in der wir nicht radikal in Frage gestellt werden, sondern wo es so schön schwesterlich und brüderlich zu- und hergeht und das Vertraute über das Abgründige dominiert. Da ist dann aber auch weniger Faszination in der Liebe, und nicht selten bricht dann plötzlich ein geheimnisvoller Fremder oder eine geheimnisvolle Fremde in solch eine vertraute Beziehung ein.

Eine solche Faszination muß irgendwie ins Leben hinein getragen werden; Faszination und gelebte Beziehung können dann zusammenkommen wie im Märchen vom grünen Ritter oder im Märchen »Der Pilger«.

Der Pilger[26]

Es war einmal ein König, der hatte zwei Söhne. Eines Tages schlich der älteste in das Gemach seines Vaters – obwohl ihm das verboten wa – und da sah er auf einem Bild die schönste Prinzessin, die je ein Mensch gesehen hat. Der Prinz stand davor und konnte sich nicht satt sehen an dem Bildnis. Es dauerte aber gar nicht lange, so kam der alte König dazu. Der wurde zornig und warf den Prinzen hinaus. Und so sehr er auch bat und flehte, er möge ihm doch sagen, wer und aus welchem Reiche die Prinzessin sei, der Vater verriet es ihm nicht.

Solange der alte König noch am Leben war, durfte denn auch der Prinz nie mehr von der schönen Königstochter auf dem Bild reden; als der Vater jedoch die Augen für immer geschlossen hatte, ließ der Prinz alle Zauberer und Weisen des ganzen Landes zusammenkommen. Die mußten das Bild besehen und dann sagen, was es damit auf sich habe. Alle Mühe war jedoch vergeblich, niemand wußte ein Wort darüber zu sagen, bis endlich ein ganz alter Zauberer vor den jungen König trat und sprach: »Die Prinzessin, welche du suchst, wohnt weit fort von hier in einem Königreiche. Dort wird sie von ihrem Vater in einem Schloß am Grunde eines Sees verborgen. Willst du zu ihr, so laß dir ein Schiff bauen, welches zu Lande und zu Wasser fährt, sonst kannst du das Land nicht erreichen.«

»Und wie komme ich in das verwünschte Schloß unter dem Wasser?« fragte der König.

»Das mußt du mit List anfangen!« sagte der Zauberer, »laß dir eine Drehorgel anfertigen, mit einem goldenen Lamm da vor. Die Orgel muß aber so kunstvoll angefertigt sein, daß du dich darin verstecken kannst, während dein

Bruder das goldene Lamm am Zügel führt und vor den Vater der Prinzessin tritt.«

Die Rede gefiel dem jungen König wohl, und nachdem er den Zauberer belohnt hatte, ließ er alle Schiff- und Orgelbauer und alle Goldschmiede des ganzen Landes herbeirufen. Sie mußten ihm ein Schiff fertigstellen, das zu Wasser und zu Lande fuhr, und eine wunderschöne Drehorgel mit einem goldenen Lamm. Daran hatten die Leute eine gute Zeit zu arbeiten, aber als ein Jahr vergangen war, wurden sie doch endlich fertig. Nachdem der Leierkasten mit dem goldenen Lamm davor in das Schiff gebracht war, setzte sich der junge König ans Steuerruder, indes sein Bruder die Segel setzte, und fort fuhren sie über Land und Meer, bis sie in das Königreich kamen, von dem der alte Zauberer erzählt hatte. Dort ankerten sie und versteckten sich.

Der König kroch in die Orgel, während sein Bruder, der Prinz, das goldene Lamm am Zügel ergriff. Vor dem Königsschloß hielt der Prinz an und ließ die Orgel spielen, und das klang so schön, daß alle Leute herbeiliefen und dem Spiele zuhörten. Auch der alte König schaute zum Fenster heraus, und als er die wunderschöne Orgel mit dem goldenen Lamm erblickte, winkte er dem Leiermann, daß er zu ihm käme.

»Guter Freund, was soll die Orgel kosten?« fragte der König, »ich will sie meiner Tochter schenken!«

»Ach, lieber Herr König«, antwortete der Prinz, »die Orgel ist mir nicht feil. Ich bin den Branntwein gewohnt, und wenn ihr mir viel Geld in die Hände gebt, so ist es bald mit lustigen Brüdern vertrunken und ich habe keinen Verdienst mehr und liege auf der Straße. So aber ziehe ich von Dorf zu Dorf und von Stadt zu Stadt, und der gibt mir einen Dreier und jener einen Groschen, und ich habe mein Lebtag ein gutes Auskommen.«

Das mußte der König einsehen, aber weil er die Orgel doch gar zu gerne gehabt hätte, fragte er den Spielmann, ob er sie ihm nicht auf drei Tage borgen wolle, daß er sie seiner Tochter zeige. Damit war der Prinz einverstanden, und während er sich in der Stadt auf des Königs Rechnung in den teuersten Wirtshäusern gütlich tat, führte der alte König das goldene Lamm durch den Schloßgarten und immer weiter und weiter, bis er endlich an einen großen See gelangte.

Am Ufer stand ein Busch, von dem der König einen grünen Zweig abbrach; mit dem schlug er dreimal in das Wasser und sprach bei jedem Schlage: »Wasser, wandle dich in Erde!«

Sobald er zum dritten Male die Worte gesprochen hatte, teilte sich das Wasser, und eine breite Allee wurde sichtbar, die tief in den See hinabführte. Diese Straße entlang zog der König den Wagen, bis er zu einem großen Schloß gelangte. Die Prinzessin saß am Fenster und spielte Harfe und sang dazu, daß sie sich in ihrer Einsamkeit tröste. Als sie ihren Vater erblickte, rief sie ihm zu: »Väterchen, du hast also doch nicht meinen Geburtstag vergessen und bringst mir ein solch schönes Geschenk, daß ich einen Trost habe hier in dem hohen Schlosse tief unter dem Wasser?«

»Mein liebes Kind«, sagte der König, »diese Orgel will ich dir nur zeigen. Schenken kann ich sie dir nicht, weil sie ihrem Herrn nicht um alle Schätze der Welt feil ist.«

»Wenn du mir die Orgel nicht schenken kannst, dann hättest du sie mir gar nicht zeigen sollen!« antwortete die Prinzessin und schnapp! schlug sie ihrem Vater das Fenster vor der Nase zu und ließ ihn draußen stehen. Das nahm ihr der alte König übel, und ohne sich zu besinnen, drehte er sich um und kehrte mit dem Gefährt wieder auf die Oberwelt zurück. Als er oben angelangt war, schlug er mit dem kleinen Zweig dreimal auf die Erde und sprach dabei: »Erde wandle dich in Wasser!«

Alsbald schlugen die Wasserwogen, die zu beiden Seiten wie Mauern standen, wieder zusammen, und so weit das Auge blicken konnte, war nichts zu sehen als Wasser. Darauf versteckte der König den Zweig in dem Buschwerk und eilte, daß er mit der Orgel wieder in das Schloß kam. Dort erhielt der Leiermann sein Eigentum zurück und ging damit in ein Wirtshaus, wo er den Deckel auftat und dem jungen König heraushalf. Kaum war derselbe draußen, so erzählte er seinem Bruder, wie es ihm ergangen war, und hieß ihn das Schiff bereithalten und das goldene Lamm mit der Orgel hineinschaffen, derweil er die Prinzessin befreien wolle.

Und das stellte er so an: Er schlich sich durch den Schloßgarten bis zu der grünen Wiese am See. Dort suchte er in dem Busch nach dem kleinen Zweig und schlug damit dreimal auf das Wasser und sprach dabei: »Wasser, wandle dich in Erde!«

Da teilte sich das Wasser, und die Allee kam zum Vorschein. Die lief er entlang, so schnell ihn seine Füße tragen konnten, und da dauerte es dann auch gar nicht lange, bis er vor dem Schloß stand. Die Königstochter saß wieder am offenen Fenster und schlug die Harfe und sang dazu. Sie war von so wunderbarer Schönheit, daß der junge König gar kein Wort zu sagen wagte. Endlich faßte er sich aber doch ein Herz, rief die Prinzessin bei Namen und fragte sie, ob sie mit ihm kommen möchte, er wolle sie aus dem Gefängnis erlösen. Anfangs erschrak die Prinzessin, als sie den fremden Mann erblickte; da er aber schön von Angesicht war und sie zu befreien versprach, ließ sie sich nicht lange bitten, sondern kam mit ihrer Harfe zu ihm heraus. Dann faßten sie einander bei der Hand und gingen die Allee zurück, bis zum Ufer des Sees. Dort schlug der junge König mit dem Zweig dreimal auf die Erde und sprach: »Erde, wandle dich in Wasser!«

Und alsbald hatte der See alles wieder überflutet. Darauf eilte der junge König mit der Prinzessin vor die Stadt, wo sein Bruder schon im Schiff auf sie wartete. Rasch waren die beiden hineingestiegen, und das Schiff fuhr los über Land und Sand, über Seen und Flüsse und über das wilde Meer, bis sie in die Stadt gelangten, wo der junge König Herrscher war. Dort stiegen sie aus, und weil der Bruder des Königs schon längst ein reiches Mädchen aus der Nachbarschaft gerne gehabt hatte, feierten die beiden Brüder Verlobung und Hochzeit an ein und demselben Tag und lebten glücklich und zufrieden lange Zeit.

Aber der Frau des Bruders war die junge Königin ein Dorn im Auge, denn sie mißgönnte ihr die Schönheit und die Macht. Jeden Morgen, wenn sie aufstanden, und jeden Abend, wenn sie zu Bette gingen, lag sie ihrem Mann in den Ohren: »Warum hat dein Bruder, der König, das Harfenmädchen genommen?« und das trieb sie so lange, bis der Prinz seine Schwägerin endlich auch nicht mehr leiden konnte.

In einem fernen Land jedoch besaß ein mächtiger Sultan auch ein Bild der schönen Harfenprinzessin. Da vernahm er durch seine Kundschafter, daß die Prinzessin, die unter dem Wasser verborgen war, geraubt worden sei. Darüber ergrimmte er sehr, und er rüstete seine Schiffe und kreuzte auf allen Meeren, um die Prinzessin zu finden. Als er gerade mit seinen Kriegsschiffen vor dem Hafen der Stadt des jungen Königs auf der Lauer lag, unternahmen die beiden Brüder eine Lustfahrt auf ihrem wunderbaren Schiff, das auf dem Lande so gut wie auf dem Wasser fuhr. Sie stachen damit in See, doch als sie ein paar Meilen gefahren waren, fielen des Sultans Schiffe über sie her, und sie wurden überwältigt und in die Türkei gesandt. Dort kam das Schiff in die Schatzkammer des Sultans, die beiden Brüder aber wurden Sklaven und mußten die härtesten Arbeiten verrichten.

Inzwischen wartete die junge Königin vergeblich darauf, daß ihr Mann von der Lustfahrt heimkehre. Sie wartete einen Tag und noch einen, als aber auch am dritten Tage das Schifflein nicht einlaufen wollte, zog sie sich Pilgerkleider an, nahm ihre Harfe und wollte in die weite Welt hinauswandern, um ihren Mann zu suchen. Sie war aber noch kaum zum Saum des Meeres gelangt, als sie schon von den Leuten des Sultans ergriffen und – so sehr sie sich auch sträubte – zu diesem geschleppt wurde. In ihrer Not nahm sie ihre Harfe, schlug die Saiten und sang dazu:

»Was fehlet dir mein Herz, daß du so in mir schlägst?
Was ist es, daß du dich so heftig in mir regst?
Warum bewegst du dich mit solcher starken Macht?
Und wie entziehst du mir den süßen Schlaf bei Nacht?

Ich weiß die Ursach wohl, darf selber mich nur fragen,
Der Himmel hat jetzt Lust, mein Herze so zu plagen.
Es schlagen über mir die Unglückswellen her,
Ich schwebe voller Angst auf einem wilden Meer.«

Der Sultan hatte den Gesang vernommen, und es war ihm, als habe er einen Engel gehört, so schön hatte der Pilger gesungen.

»Fürchte dich nicht, mein Sohn«, sprach er deshalb zu dem Pilger, »wer so schön singen kann, dem tue ich nichts zuleide. Jetzt aber nimm deine Harfe und singe noch ein Lied!«

Da schlug der Pilger wiederum die Saiten, daß es tönte, und sang dazu:

»In einen Trauersaal hat sich mein Herz verhüllet,
mein ganzer Lebensgeist mit Unruh ist erfüllet;
Ich kenne mich fast nicht, ich lebe ohne Ruh,
das Glücke ist mir feind, kehrt mir den Rücken zu.«

Dem Sultan liefen die Tränen in seinen Bart und er sprach: »Lieber Pilger, das Glück ist dir nicht feind, du sollst es bei mir finden. Komm mit mir, daß ich mit dir heimkehre in mein Reich, da sollst du mein liebster Geselle sein und sollst um mich bleiben den ganzen Tag. Was du willst, das soll geschehen, wenn du mir jeden Tag auf deiner Harfe vorspielst und mich mit deinem Gesang erfreust.«

Und damit war der Pilger einverstanden.

Als er nun eines Tages in des Sultans Garten lustwandelte, sah er plötzlich den jungen König und seinen Bruder nackt im Pfluge gehen. Ein Knecht trieb sie zu der harten Arbeit an und schlug sie mit der Peitsche, daß ihr rotes Blut zur Erde rann. Darüber wollte dem Pilger schier das Herz brechen, und er nahm seine Harfe und sang:

»Ich war vor kurzer Zeit in einem schönen Garten,
darin erblickte ich viel Blumen mancher Arten,
und unter ihnen sah ich eine Rose blühn,
nichts mehr verlangte ich, als sie zu mir zu ziehn.
Du edle Rose du, wenn mich auch deine Dornen stechen
und wolltest du damit mein ganzes Herze brechen,
so trag' aus Liebe ich für dich die Wunden gern,
du aber gönne mir dein Angesicht von fern.«

Aber die beiden Prinzen achteten nicht auf den Gesang. Das Joch war zu schwer, und sie fürchteten neue Hiebe. Der Pilger jedoch wollte sich nicht zu erkennen geben und ging. An der Pforte sah er noch einmal zurück und sang zum Harfenspiel:

»Jetzt muß ich ganz betrübt aus diesem Garten ziehn,
und niemand fraget mich, warum ich traurig bin.
Doch wer darum wohl weiß, wird keinen Spott erheben,
sonst wollt' ich wünschen dem, daß er's sollt auch erleben.«

Darauf kehrte sie in das Schloß zurück.

Über eine Zeit begab es sich, daß der Sultan seinen Geburtstag feiern sollte. Da hatte er die Gewohnheit, demjenigen, der ihm zuerst seine Glückwünsche darbrachte, einen Wunsch zu erfüllen. Das wußte jeder im Reiche, und so versuchte jeder am Morgen des Geburtstages zuerst den Sultan zu treffen, damit er ihm seinen Herzenswunsch erfülle. Diesmal waren sie aber allesamt übel beraten, denn der Pilger schlief vor des Sultans Schlafgemach. Darum war er auch der erste, der dem Sultan langes Leben und Glück und Segen im neuen Jahr wünschte. Der Sultan freute sich darüber und hieß den Pilger einen Wunsch sagen, er würde ihm erfüllt werden, so wahr er Sultan sei. Da sprach der Pilger schnell: »Gnädiger Sultan, so bitte ich Euch, daß die beiden Prinzen, die unten im Garten nackt im Pfluge gehen müssen, als Eure Diener ins Schloß kommen und gehalten werden, wie vornehmer Leute Kinder.«

»Mein Sohn«, sagte der Sultan hitzig, »du hast die Bitte gesprochen, und ich muß sie gewähren. Aber lieber hätte ich mein halbes Reich verschenkt, als diese Bluthunde in mein Schloß zu nehmen!« Daran war jedoch nun nichts mehr zu ändern, die beiden Prinzen kamen als Diener in das Schloß und freuten sich, dem harten Sklavenleben entronnen zu sein. Der Pilger aber stieg trotz dieser Bitte, um seines schönen Gesanges willen, immer höher in des Sultans Gunst, so daß er einer der Mächtigsten wurde im ganzen Reiche.

Eines Tages ging nun der Sultan auf Reisen. Da ließ der Pilger die beiden Prinzen vor sich rufen und sprach zu ihnen: »Ich will euch die Freiheit schenken. Hier ist der Schlüssel zur Schatzkammer! Kommt mit mir, daß ich euch das Schiff gebe, welches zu Lande so gut fährt wie zu Wasser!«

Da fielen die Prinzen dem Pilger zu Füßen, denn sie erkannten ihn nicht. Er aber hob sie auf und ging mit ihnen zur Schatzkammer und gab ihnen das Schiff. Sie bestiegen es, und nachdem sie sich noch einmal bedankt und versprochen hatten, ihm seine Barmherzigkeit niemals zu vergessen, setzten sie die Segel und fuhren ohne Rast und Ruh über Land und Sand, über Flüsse und Seen und über das wilde Meer, bis sie in ihr Königreich gelangten. Dort herrschte große Freude über ihre Ankunft, und es wurde ein prächtiges Fest gefeiert.

»Wo ist meine Frau?« fragte der junge König.

»Wo mag sie sein!« antwortete die gottlose Schwägerin, »kaum wart ihr drei Tage fort, so hielt sie es nicht mehr im Schloß. Sie nahm ihre Harfe unter den Arm und ging damit zum Strand hinab. Von dort ist sie in die weite Welt gezogen und spielt mit anderen Harfenleuten bei Hochzeiten und auf Jahrmärkten. Warum nahmst du dir aber auch ein Harfenmädchen? Die ist nicht umsonst von ihrem Vater auf den Grund des Sees verwünscht worden!«

Diese Worte gingen dem jungen König wie Messerstiche durchs Herz, denn er glaubte dem bösen Weib, und dabei hatte er die Prinzessin so lieb gehabt, ach, so lieb, und nun sah er sich betrogen. Und er schwor bei sich, er wolle sie auf einem Holzstoß verbrennen lassen, käme sie wieder in seine Hände. Inzwischen hatte der Pilger nicht gewartet, bis der Sultan von seiner Reise zurückkam, sondern war heimlich aus dem Schlosse geflohen und wanderte nun mit seiner Harfe dem Reich des jungen Königs zu. Unterwegs nahm ihn ein Schiffersmann mitleidig auf, weil er so schön spielen konnte, und da dauerte es denn gar nicht lange, bis das Schiff in dem Hafen der Stadt, wo der junge König herrschte, vor Anker ging. Freudig stieg die Prinzessin an das Land und besorgte sich schöne Kleider, dann zog sie das Pilgerkleid aus und legte es zu der Harfe in einen Kasten. Sie eilte auf das Schloß in das Gemach des Königs und wollte ihm um den Hals fallen. Der hatte aber seine Frau kaum erkannt, so stieß er sie mit dem Fuß von sich, daß ihr die Sinne schwanden und sie ohnmächtig zur Erde sank. Und als sie wieder erwachte, lag sie in einem kahlen, schmutzigen Kerker, den nicht Sonne noch Mond beschien. Drei Tage saß sie darin, dann wurde sie auf den Richtplatz geführt, wo ihr der König das Urteil sprach. Sie solle als Landstreicherin und Hexe auf dem Holzstoß verbrannt werden, ihr Verbrechen sei ja auch gar zu groß. Die Schwägerin lachte und freute sich, denn nun wurde sie die Königin im Lande. Die Prinzessin aber weinte und bat ihren Mann, ob er ihr nicht wie jedem Verbrecher eine letzte Bitte gewähren wolle. Das mochte ihr der König nicht versagen, und da bat sie, daß sie ihre Harfe holen und noch ein letztes Stück darauf spielen dürfe. Der Henker mußte sie begleiten, doch als er mit ihr zurückkam, trauten der König und sein Bruder ihren Augen nicht. Das war nicht mehr die Prinzessin, sondern der Pilger, der sie aus der Sklaverei erlöst hatte, der aber schlug die Harfe und sang:

> »Kennst du den Pilger nicht, daß du ihn so verstößt,
> der viel gewagt für dich, daß du nun bist erlöst.
> Von Sklaverei befreit, gebracht in alte Ehren,
> ist das für alle Müh', für Leiden und Entbehren?
>
> Ach, hätt' ich meinen Fuß dir nicht so nah gesetzt,
> so hätt' der Dornenstich mein Herz nicht so verletzt.
> Mein wilder, kühner Sinn hat mich dahin gebracht,
> daß ich bin so verwund't und ganz und gar veracht.
>
> Leb wohl, geliebter Mann, erinnerst du dich nicht?
> Die Tränen liefen mir wohl übers Angesicht.
> Gleich als ich dich einst sah, zum allerersten Mal,
> da liebte ich dich so, war voll der Liebe Qual.«

Während der Pilger sang, konnten die beiden Prinzen ihre Tränen nicht zurückhalten, und als er mit dem Liede zu Ende gekommen war, fiel ihm der junge König zu Füßen und bat mit flehender Stimme:

> »Jetzt bricht mein Herz entzwei, wie hab' ich mich vergangen
> An dir, du Seelenbild!
> Wie soll ich dich empfangen!
> Auf meine matten Knie, da fall' ich nun vor dir
> und küsse deine Füß', mein Liebstes, verzeihe mir!«

Und ob ihm die junge Königin verzieh? Sie hob ihn in die Höhe und zog ihn an ihr Herz, und es wurde Versöhnung gefeiert. Die böse Schwägerin aber, die mit ihren arglistigen Reden das ganze Unheil angerichtet hatte, wurde zur Strafe auf den Scheiterhaufen gesetzt, und so sehr das böse Weib auch schrie, die Flammen ergriffen sie doch.

Der junge König aber lebte von nun an mit seiner Frau und seinem Bruder glücklich und zufrieden sein Leben lang, und wenn sie nicht gestorben sind, so leben sie heute noch.

⁃

Überlegen wir uns wieder, mit welchem Problem das Suchen nach Liebe, die Suche nach der Partnerin, in diesem Märchen verknüpft ist. Es ist auffällig, daß wir es mit einem System zu tun haben – und das kann man jetzt kollektiv sehen als Zeitgeist oder auch individueller als Haltung in der Familie oder in einem Individuum –, in dem das Weibliche entweder idealisiert oder entwertet wird. Man hätte erwartet, daß der Prinz im Schlafzimmer des Vaters die Mutter oder eine Konkubine finden könnte. Aber nein, er findet ein Bild, so schön, daß er sich nicht mehr davon lösen kann. Die Frau ist einerseits ein wunderschönes Bild, idealisiert, hochstilisiert, daher nicht individuell, oder aber andernorts auf den Grund des Sees verbannt wie die Königstochter.

Die Abwesenheit des Weiblichen in diesem Märchen ist so normal, daß sie nicht einmal erwähnt wird. Normalerweise hört man wenigstens am Rande, warum keine Mutter vorhanden ist – nichts davon in diesem Märchen. Wir haben es hier mit einem deutlich androzentrischen Herrschaftssystem zu tun, mit einem Herrschaftssystem, das sehr auf Männer ausgerichtet ist und diesen allein wirkliche Bedeutung zuschreibt. Man bekommt auch den Eindruck, daß diese jungen Prinzen einen dominierenden Vaterkomplex haben und daß sie auch noch sehr deutlich unter der Herrschaft des Vaters stehen. Der Vater wirft den Ältesten ja auch kurzerhand hinaus, als der in seinen Raum eindringt, und gibt ihm auch keine Auskunft auf die Frage, wer diese wunderschöne Frau sei. Wahrscheinlich kann er keine Auskunft geben, auch wenn er wollte, weil er es selber nicht weiß.

Die Suche nach der Partnerin wird beeinflußt sein von eine Herkunft, bei der das Männliche außerordentlich dominierend ist und das Weibliche entweder entwertet und verdrängt wird oder idealisiert oder alles miteinander: Idealisieren ist ja eine Form des Verdrängens. Man kann Menschen ausgesprochen von sich fernhalten, indem man sie idealisiert und gerade dadurch zu Nicht-Menschen macht, wenn auch zu vorzüglichen. Intrapsychisch betrachtet, hätten wir hier einen jungen Mann vor uns, in dessen Leben männliche Werte sehr dominieren, die weiblichen Werte zwar idealisiert werden, aber im Grunde genommen doch nicht im Alltagsleben zugelassen werden.

Die Faszination verändert die Situation. Das Bild der Frau in Vaters Schlafzimmer fasziniert den Prinzen, gibt ihm das Gefühl, dem Schönsten begegnet zu sein auf der Welt, aber auch dem Wichtigsten, was es gibt auf dieser Welt. Dieses Bild ist für ihn ein Bild der geheimnisvollen Fremden. Es ist ganz deutlich: Dieser Faszination von der geheimnisvollen Fremden muß er nachspüren, nachgehen. Allerdings steht ihm zunächst die Bindung an den Vater im Weg. Erst als der Vater gestorben ist, als eine Ablösung vom Vater erfolgt ist, kann er seinem inneren Anliegen nachgehen.

Aber das ist nicht einfach, denn auch die alten Weisen oder Zauberer wissen nicht, worum es geht; erst ein sehr sehr alter Weiser weiß Rat. Man gewinnt den Eindruck, daß es hier um ein uraltes Problem geht – zulassen zu können, daß die Frau mehr als nur ein faszinierendes Bild ist, zu dem man keine Beziehung aufbauen muß.

Der alte Weise rät, ein Schiff zu bauen, das zu Wasser und zu Lande fährt. Stellt man sich ein solches Schiff vor, dann ist es eines, das unheimlich schnell überall durchfahren kann, eine Art Amphibienfahrzeug, nur schneller. Ein Schiff, das über Land und Wasser fast fliegen kann und damit eine Dynamik verkörpert, die Grenzen sprengen und mit »Wasser und Land« umgehen kann. Wasser und Land sind für uns ja immer noch die Chiffren für Unbewußtes und Bewußtsein. Ein solches Schiff bauen hieße dann, eine Einstellung sich schaffen, die scheinbar mühelos Aspekte des Bewußten und des Unbewußten einbezieht – das ist Voraussetzung, um zu diesem faszinierenden Bild zu kommen.

Aus der Mythologie kennen wir die »Schiffskarren«, die das Gefährt des Dionysos sind. Dionysos kommt aus der Tiefe des Meeres – also fast wie diese Prinzessin –, seine Schiffe werden dann zu Schiffskarren, und mit ihnen fährt er über Land zum Gebirge hin. Sein Weg regt an, aus der Tiefe zu holen, was aus der Tiefe zu holen ist, und das Geholte dann ins Land hineinzutragen, zu den Menschen zu tragen, um diese zu wandeln. Diese Schiffskarren des Dionysos sind mit Reben und mit Böcken verziert und weisen auf Trunkenheit, Sexualität, unzerstörbares Leben hin.

An diese Schiffskarren erinnert das Schiff, das zu Wasser und zu Land fährt: Die Prinzen müssen nun lernen, über ihre bis jetzt zu engen Grenzen hinauszugehen, die bis anhin vom Vater und durch ihren Vaterkomplex definiert waren. Diese Grenzen werden gesprengt, wenn sie sich emotional erfassen lassen und diese Emotion auch in die Realität hinein tragen, so daß auch etwas realisiert wird: Es geht darum, dynamisch zu sein, innovativ zu sein, an das Unmögliche zu glauben, auch wenn das alles sehr problematisch ist. Denn, vom positiven Vaterkomplex geprägt, lieben Männer das, was schon immer gegolten hat, die Kontinuität, das Vertraute. Es dauert denn auch, bis dieses Schiff gebaut ist. Ein Jahr wurde daran gearbeitet – und Märchenjahre können lang sein. Das würde psychisch heißen: Ein Jahr brauchte man, um zu dieser Einstellung zu kommen; alle Jahreszeiten müssen erlebt werden; ein großer Einsatz ist gefordert, aber dann ist die neue Haltung gewonnen. Faszination, wenn wir uns von ihr wirklich ergreifen lassen, löst eine vitale Dynamik aus in unserer Psyche, die uns den Eindruck vermittelt, wir könnten dann mobil werden und grenzenüberschreitender und grenzensprengender leben.

Nicht nur ein Schiff soll gebaut werden, auch eine Drehorgel mit Raum für einen Mann, gezogen von einem Lamm, wird konstruiert. Ohne List ist diese Prinzessin nicht zu erringen. Die List, dem Modellfall des Trojanischen Pferdes nachempfunden, ist in den Märchen wohlbekannt und wird immer dann eingesetzt, wenn zu wachsame Augen eines Vater-Königs umgangen werden müssen. Bekannt ist etwa der wunderschöne Hirsch, der als »Spiegelwerk« in das Zimmer einer Prinzessin gestellt wird – zur Unterhaltung. In ihm verborgen sitzt dann ein Prinz, der die Prinzessin durchaus zu erfreuen vermag.

In unserem Märchen geht es nicht ganz so einfach, aber das Prinzip der List ist das gleiche: Die Prinzen geben vor, etwas sehr Ästhetisches zeigen zu können, etwas sehr Schönes – absichtslos scheinbar, nur zum Vergnügen. Die Absichten sind verdeckt. Die Prinzen mit der Drehorgel zeigen sich von ihrer kultiviertesten Seite, der Ästhetik und der Musik verpflichtet, der Kultur des Gefühlsausdrucks. Sie zeigen, daß sie Töne haben, mit denen sie das Herz der Menschen erreichen; und das alles ist verbunden mit dem Prinzip Schönheit. Das Lamm vor der Drehorgel sollte wohl noch unterstreichen, daß es sich um eine lammfromme Unternehmung der beiden handelt; herzig und nett, nichts von einer Entführung ist zu erkennen.

Es gibt eine Haltung, die gerade vaterkomplexige Männer durchaus kultivieren können, wenn sie einmal vom Bild, das sie sich von einer Frau machen, fasziniert sind: Sie zeigen sich geistreich, ästhetisch, künstlerisch, einfallsreich – was sie alles auch sein können. Falls noch andere Absichten da sind, dann sind diese nicht zu bemerken, sind aber dennoch zentraler Inhalt der ganzen Bemühungen.

Alle die Gegenstände, die man im Märchen herstellt, sind auch Ausdruck von Welten, die man in eine Beziehung einbringen kann. Insofern haben diese beiden Prinzen im Grunde genommen ein doch sehr gewinnendes, einnehmendes Wesen.

Nach einem Jahr setzt der Bruder die Segel, der König nimmt das Ruder. Die beiden Brüder bleiben eine Einheit. Das Märchen erinnert damit auch an die sogenannten Brüdermärchen, an eine Zweibrüdergeschichte.[27] In diesen Märchen treten Brüder oder Freunde auf, die einander schwören, zusammenzuhalten, die einander garantieren, daß das Leben gelingen soll. Würde der eine ausfallen, dann würde der andere für ihn einspringen. Das war ursprünglich der Sinn der Blutsbrüderschaft. In unserem Märchen scheint dieses Thema eine gewisse Rolle zu spielen. Als Schattenbrüder kann man sie in der Wahl der Frau bezeichnen: Sie haben dasselbe Problem und lösen miteinander dieses Problem. Männer mit einem dominierenden eher verwöhnend wirkenden Vaterkomplex sind auch eher solidarisch, rivalisieren weniger, solange dieser Vaterkomplex ihr Leben bestimmt.

Die Faszination holte den alten Weisen auf den Plan, die alte Weisheit in der eigenen Seele. Ein zwingender Einfall mit strategischen Überlegungen ist die Folge davon. Der Einfall wird verwirklicht; dadurch wird ungewohntes Verhalten Realität, und zugleich kann nun eine konkrete Annäherung an die Frau erfolgen. Es ist jetzt nicht mehr einfach nur das Bild, das fasziniert und träumen läßt, sondern jetzt wird Beziehung gesucht.

Von der Frau wissen wir, daß sie verbannt ist auf den Grund des Sees, auf den Boden des Sees. Der Vater hat die absolute Kontrolle über den Zugang zur Tochter. Er hat sie auf dem Grund des Sees versteckt. Wenn sie da unten so ganz allein ist, dann muß sie sich selber auf den Grund kommen, dann muß sie auf ihren eigenen Grund kommen. Sie könnte allerdings da unten auch zugrunde gehen, das geschieht aber nicht; sie findet dabei wohl eher einen tragenden Grund und wird später in sich selber gegründet sein.

Man erliegt immer wieder der Versuchung, die Symbole in »weiblich« und »männlich« aufzuteilen; dieser Versuchung sollte man eigentlich nicht nachgeben, da dies eine Perpetuierung der Spaltung in männlich-weiblich bewirkt. Es wäre viel sinnvoller, männlich und weiblich in ihrem Zusammenwirken zu sehen. Ich kann der Versuchung dennoch nicht widerstehen, mit dem Grund des Sees das Becken des Sees zu assoziieren und die Verbindung zum menschlichen Becken herzustellen, also zu etwas Mütterlich-Bergendem.

Die Königstochter ist einsam, sich selbst überlassen und vielleicht doch in einem viel weiteren Sinn geborgen, als sie es in der Geborgenheit einer Familie wäre: Sie ist geborgen in der Natur. Sie hat gelernt, Harfe zu spielen. Ist man also ausgeschlossen vom androzentrischen Leben im Märchen wie diese Prinzessin, so kann man entweder untergehen oder zu sich selber kommen; es gibt nichts dazwischen. Ihr Harfenspiel, also das, was sie auf dem Grund des Sees gelernt hat, zieht sich in der Folge durch das ganze Märchen hindurch als das, was Veränderung auch bei anderen bewirkt. Harfentöne perlen wie Wassertropfen. Sie kann damit sehr deutlich ihre Gefühle vermitteln; in ihren Liedern kann sie differenziert durch die Musik das Gefühl und durch die Texte die Beziehungsthemen, die anstehen, zum Ausdruck bringen. Am Grunde des Sees hat sie gelernt, sich selbst wahrzunehmen, sich selber auszudrücken. Sie ist nicht einfach in eine Depression gefallen.

An ihrem Geburtstag wendet sich ihr Schicksal. Der Geburtstag ist der Tag, an dem wir eingetreten sind in die Welt. Durch das Feiern des Geburtstages bestätigen wir die Bedeutung dieses »Schrittes ins Leben«, zu dem wir ja nicht befragt wurden. Es ist, als wenn wir nachträglich uns damit einverstanden erklären würden. Aber auch die Mitmenschen bestätigen uns am Geburtstag unsere Existenz und die Existenzberechtigung. Indem die Mitmenschen uns gratulieren, versichern sie uns, daß es gut ist, daß wir geboren worden sind. Geburtstage sind aber auch ganz persönliche Lebensübergänge, oder anders ausgedrückt: Lebensübergänge machen wir an den Geburtstagen fest.

Ein Lebensübergang auch im Märchen: Zwischen Vater und Tochter bahnt sich eine Trennungssituation an. Sie sagt wütend: »Wenn du mir doch nicht das Gefährt schenken kannst, dann hättest du es mir auch gar nicht zeigen müssen.« Sie will keine Versprechungen, sie will etwas Konkretes. Und er sagt kein Wort, sondern dreht den Karren um und geht wieder weg. Es herrscht eine etwas gereizte Heftigkeit in der Beziehung zwischen Vater und Tochter, und die

Tochter erweist sich auch als recht eigenwillig und selbstbewußt, obwohl sie auf den Grund des Sees verbannt war – vielleicht wurde sie auch deshalb verbannt.

Der Sinn der ganzen Unternehmung mit der Drehorgel war, daß der Weg zu dieser Frau entdeckt wurde – der Vater verrät ja sehr oft den Weg zur Tochter. Wie der Vater zur Tochter findet, findet oft auch der junge Mann zur Tochter – und hier ist die Zeit reif dafür.

Der junge König geht den Weg, den zuvor der alte ging, und findet zur Königstochter. Er ist wiederum gebannt von ihrer Schönheit, wie damals im Schlafzimmer des Vaters. Schönheit meint auch ein gewisses Überirdischsein, aber auch Vollkommenheit, ein Versprechen auf gelingendes Leben, das sich in ihr ausdrückt. Die Königstochter reagiert sehr differenziert auf den jungen König. Er verspricht Freiheit. Sie erschrickt zuerst. Dann sieht sie, daß er schön ist von Angesicht. Das ist wahrscheinlich der Ausdruck einer ersten Verliebtheit. Erst dann macht sie sich klar, daß er sie aus dem Gefängnis befreien will. Sie wird nicht geraubt, die beiden haben sich da unten »erkannt«. Beide finden sich wunderschön, Gefallen aneinander und Verliebtheit blitzt auf, deshalb gibt es zunächst auch eine problemlose Heimfahrt.

Aber das Ende der Problematik kann das nicht sein: Was durch List, wenn auch intelligent, einem Stärkeren abgetrotzt worden ist, muß durch die Beziehungsarbeit ins eigene Leben schrittweise eingebunden werden.

Die Frau ist gewonnen. Wenn diese Prinzessin ein Symbol dafür ist, daß die Frauen aus dem System verbannt waren – jetzt sind sie aus der Verbannung zurückgeholt. Dazu paßt, daß wir gerade jetzt damit konfrontiert werden, daß es in diesem System auch noch einen anderen Frauentyp gibt, einen sozusagen alltäglichen Frauentyp: das reiche

Mädchen aus der Nachbarschaft, das ausgesprochen neidisch ist. Neidisch auf die Macht der anderen, neidisch auf die Schönheit der anderen. Sie ist mißgünstig.

Wir sind immer dann neidisch, wenn wir gerne anders wären, als wir sind, wenn wir mit unserer Identität nicht einverstanden sind, wenn wir meinen, keine eigene Identität zu haben, auf die wir stolz sein können. Äußere Macht und Selbstsucht sollen dann die innere Leere, die mit dieser fehlenden Selbstakzeptanz und Selbsthilfe verbunden ist, zudecken. Es ist anzunehmen, daß auch sie eine Frau ist, die stark unter der Dominanz dieses herrschenden Männlichen stand und steht, sie dürfte daher eine Frau sein, die eine abgeleitete Identität hat.[28] Das heißt hier, daß sie sich dann als Frau fühlt, wenn die Männer ihr bestätigen, daß sie eine attraktive Frau ist. Ihre Identität verdankt sie der Zuwendung der Männer. Deshalb ist sie auch gefährdet, wenn jetzt eine Frau auftritt, die schöner ist – sie verliert dadurch ihre Selbstsicherheit, muß neiden, wird destruktiv und selbstdestruktiv.

Daß Frauen eine abgeleitete Identität haben, gilt in einem androzentrischen System als normal und wünschenswert. Da der Mann allein »wertvoll« ist, wird der Frau vermittelt, daß sie als Frau dann »normal« und attraktiv ist, eine richtige Frau, wenn sie die Frau eines Mannes ist. So kommt auch sie zu einem relativen Wert. Sie kann aber Frau eines Mannes sein, ohne ihre eigene Identität, die unter anderem auch aus der Auseinandersetzung mit dem von der Mutter und vom Mutterkomplex Geprägten hervorgeht, je gefunden zu haben. Sie ist dann immer auf die Anerkennung der Männer angewiesen – eine große Abhängigkeit. Vor allem aber muß sie dann rivalisieren, weil jede andere Frau ihr nicht nur den Mann, sondern die Daseinsberechtigung wegnehmen kann. Wenn der Mann oder der Vater einer Frau ständig bestätigen muß, daß sie eine Identität hat, dann ist es natürlich außerordentlich wichtig, daß sie die erste, die beste, die schönste ist; denn ist sie nicht auch die erste, so bekommt sie unter Umständen diese Bestätigung nicht mehr. Frauen rivalisieren nicht einfach: Frauen mit einer solchen abgeleiteten Identität rivalisieren viel deutlicher – und auch verzweiflungsvoller – als Frauen mit einer originären Identität, die viel schwesterliche Solidarität aufbringen.

Das reiche Mädchen im Märchen ist voll Neid und rivalisiert auf destruktive Weise.[29] Das Problem mit dem Vaterkomplex ist nicht ausgestanden, weder für die Frauen noch für die Männer. Das wird auch deutlich, als der Sultan auftritt, der Sultan, der dasselbe Bild bei sich hatte und verehrte. Verschiedene Menschen können dieselben faszinierenden Bilder der geheimnisvollen Fremden haben. Das hängt damit zusammen, daß diese Bilder keine einzelne Frau in ihrer Individualität meinen, sondern zunächst einen Typ. In diesem Märchen kann der Sultan auch nochmals den Vater verkörpern und damit neu die Frage stellen, welche Generation diese Frau bekommen und »haben« darf, die Vater- oder die Sohngeneration.

Um »haben« geht es denn vorerst auch noch: Der Sultan benimmt sich eigentlich wie der Vater; er will die geraubte Königstochter zurückhaben. Man hätte doch erwartet, daß der persönliche Vater dieser Prinzessin wütend wird, wenn ihm die bestens gehütete Tochter entführt wird. Von ihm hört man jedoch überhaupt nichts, statt dessen wird der Sultan eingeführt, der äußerst dominierend auffährt. Die Brüder fallen bei ihrer Lustfahrt dann auch gleich in die Hand des Tyrannen: Der tyrannische Vater- und Herrscherkomplex beginnt sie wieder zu dominieren. Das heißt natürlich, daß die Brüder selber auch plötzlich wieder tyrannisch werden, daß Macht wieder sehr wichtig ist im Unterschied zur Gefühlskultur – nichts mehr mit Drehorgel und so. Das bedeutet aber nicht nur, daß ihnen das Außen so wichtig ist, sondern sie geraten auch intrapsychisch unter die Macht dieses tyrannischen Komplexes. Der muß nun im wahrsten Sinn des Wortes abgearbeitet werden.

Ein Beispiel dazu: Männer, die sehr deutlich mit einer positiven Vaterbindung ausgestattet sind, die sehr gern das erfüllen, was die Väter von ihnen erwarten, damit sie auch weiterhin akzeptiert werden, bleiben gute Söhne. Sie können aber auch sehr gepackt werden von der Faszination der Liebe und der Lust, das ist das, was in ihrem Vatersystem meistens fehlt. Sie können dann überaus romantisch sein, können das auch ungeheuer genießen, weil sie das noch gar nie hatten. Sie fangen an, Gedichte zu schreiben an ihren Büroschreibtischen usw. Plötzlich aber befällt sie eine furchtbare Angst, sie könnten Müßiggänger werden. Sie werfen sich unvermittelt vor, zuviele Lustfahrten gemacht zu haben. Soviel Lust kann nur ins Verderben führen. Dann ist alle Romantik weg, die Gedichte schreiben sie dann einmal, wenn sie pensioniert sind, oder noch später. Dann wird wieder geschuftet, dann sind sie wieder angepaßt, dann geraten sie unters Joch. Sogar die Beziehung, die zuvor soviel Aufbruch versprochen hatte, wird plötzlich zu einem Joch, zu einer harten Arbeit. Die Beziehung wird dann außerordentlich schwierig: Der Mann ist ganz verändert.

Eine Möglichkeit, damit zu leben, wird, nun von der Frau gesehen, im Märchen von dem reichen Mädchen gelebt: Sie wartet einfach zu Hause, bis alle endlich wieder einmal auftauchen, und projiziert alle ihre Lustgefühle und Lustwünsche auf das Harfenmädchen. Den Entwicklungsweg aus dieser Situation heraus aber zeigt das Märchen im Weg des Harfenmädchens. Sie geht mit, sie grenzt sich nicht ab und sagt etwa: »Also, wenn ihr da so schuftet, dann könnt ihr mir mal, dann kümmere ich mich um neue Kleider.« Sondern sie geht mit und drückt immer wieder die Gefühle der Trauer aus, die damit verbunden sind, daß sie gefühlsmäßig nicht mehr im Kontakt mit dem Mann ist.

Warum trägt sie Pilgerkleider? Pilgerkleider symbolisieren verschiedenes: Einem Pilger geht es um das Seelenheil. Das heißt, daß diese Auseinandersetzung mit dem Sultan, mit dem Repräsentanten des Machtkomplexes, auch einen Einfluß auf das Seelenheil der Frau hat. Dann bestätigt man mit einer Pilgerreise immer auch eine bestimmte Weltordnung. Das heißt, es wird nun der Versuch gemacht, dieses Ganze in eine Ordnung zu bringen. Als Pilger ist sie darüber hinaus kein Mann, aber auch keine Frau – sie ist nicht auf das Geschlecht bezogen, sondern auf etwas Übergreifendes: auf einen Heilungsprozeß oder vielleicht sogar auf etwas Heiliges.

Dieser übergreifende Aspekt, der sozusagen das Thema des zweiten Märchenteils ist, entfaltet sich in vielen kleinen Schritten. Zum Ausdruck kommt zunächst ihre Angst, ihre Trauer. Als sie diese singend ausdrückt, meint der Sultan, sie sei ein Engel, und dieser harte Typ fängt an zu weinen; die Tränen tropfen ihm in den Bart. Auch im Sultan werden Gefühle wach, und sie wird zu seinem liebsten Gefährten. Wenn der Sultan die ganze Zeit meinte, einen Mann vor sich zu haben, so ist das gar nicht so falsch. Denn solchen Männern, die vom Vaterkomplex geprägt sind, muß man, auch als Frau, beweisen, daß man ein guter Kumpel ist, sonst findet man den Zugang nicht zu ihnen. Wenn man ein guter

Kumpel ist, dann kann man irgendwann auch eine Frau sein. Wichtig ist, daß die Prinzessin den Sultan aufschmilzt, was darauf hinweist, daß in diesem Vaterkomplex sich etwas zu bewegen beginnt. Das zeigt sich daran, daß eine Differenzierung zwischen dem Sultan und den Brüdern stattfindet. Sie sieht also das Herrschaftsgebaren des Sultans, und sie sieht die Kehrseite davon, die geschundenen Prinzen. Sie sieht also nicht nur, wie dieser Mann sich so sadistisch dominant benimmt, sondern sieht auch, wie er selber von einer sadistisch dominanten Gewalt geknechtet wird.

Sie möchte aber – trotz des Pilgergewandes – erkannt werden, an die frühere Beziehung anknüpfen. Sie wird nicht gesehen, die Männer lassen sich nicht rühren, lassen sich nicht berühren durch ihr Lied. Sie müssen arbeiten, abarbeiten.

Am Geburtstag des Sultans findet auch für die Brüder ein Übergang statt: Sie sind nicht mehr Sklaven, sie werden Diener – und bald sind sie auch freie Männer. Die Dominanz dieses Macht-Vater-Tyrannen-Komplexes läßt nach, der Sultan kann auf die Reise gehen – er kontrolliert nicht mehr –, die Prinzen gehen nach Hause.

Die Heimkehr, das Einbringen des Gelernten oder Erworbenen in den Alltag ist schwierig. Es ist immer schwierig, neue Erkenntnisse und Haltungen im alltäglichen Leben auch zu realisieren. Zu leicht fallen wir in gewohnte, alte Verhaltensmuster zurück. Hier im Märchen sind diese symbolisiert durch das reiche, neidische Nachbarsmädchen, das als einzige der wichtigen Figuren des Märchens nicht an sich gearbeitet hat. Alte Einstellungen und neue Haltungen stehen in einem Konflikt – und es scheint gesetzmäßig zu sein, daß die alten Haltungen zunächst noch einmal voll dominieren, oder dominieren wollen. Ein Triumph der regressiven Kräfte scheint sich anzubahnen, was aber die Reaktion der progressiven Kräfte hervorruft, so daß die alten Einstellungen, die sich noch einmal so richtig entlarven, schließlich endgültig geopfert werden.

Beteuerten die Brüder in der Türkei noch so sehr, sie würden die Treue des Pilgers nie vergessen, sie vergessen rasch. Die neidische Schwägerin verleumdet das Harfenmädchen, und der junge König – obwohl er gerade noch versichert hat, seine Frau so sehr zu lieben – will sie zum Tode verurteilen. Betrug ist Betrug – und er glaubt der Schwägerin.

Bei Menschen, die vom Vaterkomplex geprägt sind, spielen Prinzipien eine große Rolle. Alles was der Pilger im Sultan bewegt hat, diese feineren erotisch emotionalen Schwingungen, die belebt wurden, das ist vergessen. Es ist ein Rückfall in die alte Haut. Noch einmal ist der junge König der Dynamik des totalen Entwertens verfallen – sie ist nicht einmal mehr wert, weiter zu leben. Als Hexe und Landstreicherin soll sie verbrannt werden. Die Frau, die so fasziniert hatte, wird jetzt – nachdem sie sich der Kontrolle des Königs entzogen hat – als Hexe bezeichnet und behandelt.

Aber die Frau läßt diesen Rückfall nicht zu. Pochend auf ihr Recht, eine letzte Bitte vorbringen zu dürfen, läßt sie sich noch einmal die Pilgerkleider geben; sie muß etwas geahnt haben, und sie nimmt die Harfe zur Hand. Ihr Verhalten erinnert an Paare, die sich große Mühe miteinander gegeben haben, die dann aber aufgrund eines entscheidenden Rückfalls doch mit der Partnerschaft am Ende zu sein scheinen; und dann kommt die Frau und sagt: »Nun hör aber einmal, was bei uns alles schon geschehen ist, was wir miteinander durchgestanden und bestanden haben. Du bist mißtrauisch, wo du größtes Vertrauen haben könntest.« Hier hat die

Prinzessin noch einmal angesprochen, wie mißtrauisch dieser junge König den Frauen gegenüber ist – die Kehrseite der Idealisierung.

Wie der Pilger es beim Sultan vermocht hatte, sein Herz ein wenig zu schmelzen, so erreicht sie es jetzt auch bei ihrem Mann. Ihm fällt es plötzlich wie Schuppen von den Augen, als ihm klar wird, daß der Pilger, dem er die Freiheit verdankt, und seine Frau, der er das Recht auf Leben absprechen wollte, ein und dieselbe Person sind. In der Folge dieses Erkenntnisschocks gebraucht der König jetzt zum ersten Mal Beziehungsvokabeln. Er spricht davon, daß er sich vergangen hat an ihr, daß er ihr Unrecht getan hat, daß er ihr etwas verdankt. Er kann dazu stehen, daß er auch von ihr abhängig ist, daß er ihr seine innere Freiheit verdankt, sein Losgelöstwerden vom Vaterkomplex. Beide verdanken einander etwas. Die Worte des Verzeihens sind im Märchen auch in Liedform ausgedrückt. Offenbar hat der König jetzt auch gelernt, in Versen zu sprechen. Er hat also einiges von dem, was das Harfenmädchen lebte, integriert. Das bedeutet aber auch: In diesem androzentrischen System ist mit Müh und Not am Schluß aus dem Bild einer faszinierenden Frau eine reale, konkrete, individuelle Frau geworden, und es ist so viel an Beziehung entstanden, daß man zugeben kann, daß auch gegenseitige Abhängigkeit zur Liebe gehört.

Kollektiv gesehen hat nun die Frau eine wichtige Stellung im Herrschaftssystem, und die neidische Frau, das Modell der Frau im alten, mehr androzentrischen System, kann eliminiert werden.

Der junge König ist nun – hoffentlich – wirklich auf die Frau bezogen, die ihn auch fasziniert, der er vertrauen kann, die sich auf seine Problematik auch eingelassen hat.

Beziehung statt Zerstörung

Der letzte Märchentypus, den ich hier vorstellen möchte, umfaßt die Märchen, in denen deutlich wird, daß Liebe auch heißen kann, einen destruktiv wirkenden Komplex zu bearbeiten. Dabei spielt das Bild der oder des geheimnisvollen Fremden wiederum eine Rolle.

Die Frau, die auszog, sich ihren Mann zurückzuerobern[30]

Lieber Herr, also die Geschichte ist so lange her, daß Sie es sich gar nicht vorstellen können, wie es damals auf der Welt zuging. Vielleicht war es im Mittelalter, vielleicht aber auch noch früher.

Da waren einmal ein König und eine Königin, die hatten drei stattliche Söhne. Der König war schon fast etwas alt, und sein erster Sohn war selbst schon verheiratet und hatte Kinder. Da passierte es nun eines Tages, als der König im Garten spazierenging, da schaute er in die Luft hinauf. Da fiel ihm Kot in die Augen, manche sagen von einem Adler; aber ich weiß es nicht. Kurz und gut: Der König wurde blind, und das verdroß ihn sehr, denn er war ein rüstiger Herr, der noch weiter herrschen wollte und dem es nicht zusagte, sich wie einen Krüppel herumführen zu lassen.

So ließ der König alle Ärzte kommen, und, als die keinen rechten Rat wußten, alle Hexenmeister. Und unter diesen Magiern war einer, der sagte: »Ganz am Ende der Welt, Majestät, da gibt es eine felsige Insel. Auf der Insel aber ist ein Schloß, und in diesem Schloß haust eine Hexe. Im Hofe des Schlosses gibt es dort einen Brunnen, und wenn man davon Wasser hat und sich damit die Augen wäscht, dann kann man wieder sehen. Und wenn jemand etwa eine Hand oder ein Ohr abgehackt worden ist, und man wäscht es, dann wächst es wieder an. Denn das ist ein Zauberwasser.«

Kaum hatte der König das gehört, da ließ er seine drei Söhne rufen und sagte: »So und so ist es. Wer von euch will ausziehen, das Wasser zu holen? Er soll nach meinem Tode die Krone und das Land haben.« Und da meldete sich der jüngste Sohn, ließ sein Pferd satteln und ritt zum Tor hinaus. Er ritt ohne anzuhalten neunundvierzig Tage und Nächte, dann kam er an das Ende der Welt, und dort war ein großes Meer. Am Strand aber saß ein alter Fischer und fragte: »He, Junger, wo willst du hin?« – »Ich will übers Meer zum Hexenfelsen, denn mein Vater ist blind geworden, und ich soll ihm von dem Zauberwasser bringen.« – »Jungchen, das ist schwer, denn die Hexe wird dir nichts davon geben. Sie ist eine Tochter des Teufels und verzaubert alle Ritter, die dorthin auf die Insel kommen. Nimm dich vor ihr in acht und traue ihr nicht!« Der Prinz bat nun den Fischer, ihm sein Pferd aufzubewahren und ihn zu jener Klippe hinüberzurudern. Und der alte Fischer tat, worum ihn der Prinz bat.

So kam der Jüngste an das felsige Gestade. Mühsam stieg er dort an Land, denn es gab keine Treppe, die zum Strande geführt hätte, und keinen Weg noch Steg. Und als er den Felsen erklettert hatte, sah er dort die Burg liegen. Das Tor war weit offen, weit und breit kein Mensch zu sehen. Und aus dem Hofe des Schlosses hörte man den Brunnen plätschern.

Der Prinz durchschritt das Tor, und da sah er neben dem Brunnen ein wunderschönes junges Weib, das ihm freundlich entgegenlächelte. An die wandte er sich: »Guten Tag, schönes Mädchen! Kannst du mir sagen, wo der Brunnen mit dem wunderbaren Wasser ist?« – »Ei freilich: Hier ist er. Aber was führt dich hierher?« – »Mein Vater ist blind geworden, und ich soll von dem Wasser bringen, damit er das Licht seiner Augen wiederfindet.« – »Nun, so nimm von diesem Wasser!« – »Man hat mich aber vor einer bösen Hexe gewarnt, die hier hausen soll!« – »Hab keine Angst! Die Hexe schläft jetzt, und du kannst ruhig deine Flasche füllen!«

Das ließ der Prinz sich nicht zweimal sagen. Er nahm seine Flasche aus dem Reisesack und ließ sie voll Wasser laufen. »Nun setz dich doch noch ein wenig zu mir!« sagte die junge Frau. »Du siehst müde aus und wirst Hunger und Durst haben. Warte ein wenig, dann bringe ich dir zu essen und zu trinken!« Und weil das Mädchen gar so hübsch war, ließ sich der Junge betören und blieb sitzen. Und das Mädchen kehrte zurück und brachte ihm zu essen und zu trinken, aber kaum hatte er einen Bissen genommen, da versank er in einen tiefen Schlaf und wurde zu Stein. Die Hexe aber, denn sie war das junge Mädchen gewesen, klatschte in die Hände, und als ihre Diener kamen, ließ sie den versteinerten Jüngling in die Gruft des Schlosses tragen, wo schon andere verzauberte Männer lagen.

Es verging einige Zeit, und als der Jüngste nicht zurückkehrte, sandte der König den zweiten Prinzen aus. Auch dieser ritt so lange, bis er ans Meer am Ende der Welt kam, wo er jenen alten Fischer traf. »Wo willst du hin?« rief ihm der zu. »Ich will übers Meer zum Hexenfelsen, denn mein Vater ist blind geworden, und ich soll ihm von dem Zauberwasser bringen.« – »Ach, du Armer!« rief der Fischer. »Hüte dich, daß es dir nicht wie deinem Bruder geht, den ich auch schon übergesetzt habe und der nicht zurückgekehrt ist. Sicher ist er der Hexe in die Hände gefallen.« – »So werde ich die Hexe mit diesem Schwert zwingen, meinen Bruder wieder freizulassen und mir von dem Zauberwasser zu geben.« – »Wolle Gott, daß dir das gelinge!«

Und der Fischer stellte das Pferd des Mittleren zu dem des Jüngsten, stieg in sein Boot und setzte den Prinzen über. Der stieg aus und erkletterte die felsige Klippe. Als er sah, daß das Tor offenstand, zog er sein Schwert und ging langsam in den Hof, wo der Brunnen plätscherte. Gerade wollte er seine Flasche füllen, da hörte er Schritte. Er ergriff sein Schwert und wandte sich um, aber statt einer häßlichen alten Hexe kam ein lächelndes junges Mädchen aus dem Schloß. Der Prinz war verwirrt und fragte: »Wo ist denn die Hexe?« – »Sie liegt in tiefem Schlaf in ihrem Schlafgemach«, entgegnete das Mädchen. – »Und wo befindet sich mein Bruder?« – »Den hat die Hexe verzaubert und in die Gruft gesperrt. Vertraut mir, dann könnt Ihr ihn befreien.« Da fühlte der Prinz, wie ihn eine große Liebe zu diesem Mädchen ergriff, das ihm so hilfreich zugetan war. Und er sprach: »Und was ist mit dir? Willst du, daß ich dich mit mir nehme und heirate?« – »Ach, Prinz, du scherzest nur«, sagte die Schöne errötend. »Nein, bei dem Kuß, den ich dir geben werde, du und keine andere sollst meine Frau werden!« Und er umarmte das Mädchen und küßte es. Und sobald seine Lippen die der Hexe berührt hatten, erstarrte er zu Eis. Die Hexe aber klatschte in die Hände und ließ ihn durch ihre Diener in die Gruft tragen und neben seinen Bruder legen.

Es dauerte einige Zeit, und als auch der zweite Sohn nicht zurückkam, ließ der Vater den Ältesten rufen und sagte zu ihm: »Es sieht so aus, als ob die Sache mit dem Zauberwasser sehr gefährlich wäre. Du hast die meiste Erfahrung und bist klug und tapfer. Nimm dich in acht, und versuche, das Wasser zu holen und deine Brüder zu befreien!« Und er gab ihm seinen Segen, und der Älteste ritt davon.

Als er an das Ende der Welt kam und am Meer den Fischer traf, rief der ihm zu: »He, wo willst du hin?« – »Ich muß zu dem Hexenfelsen, denn mein Vater ist blind geworden, und ich soll ihm von dem Zauberwasser bringen.« – »Ach, du Armer! Hüte dich! Schon zwei deiner Brüder habe ich hinübergerudert, und keiner ist wiedergekommen. Die Hexe ist eine Teufelin.« – »Ich werde sie töten und alle mit ihr, die in jenem Zauberschloß wohnen!«

Da führte der alte Fischer das Pferd des Ältesten zu dem des Mittleren und des Jüngsten, nahm das Ruder und fuhr den Prinzen zur Felsenklippe. Der stieg dort aus und erklomm mit einiger Mühe den Felsen. Als er oben ankam und das Schloß mit dem offenen Tor sah, zog er sein Schwert heraus und schritt langsam in den Burghof. Dort war niemand zu sehen, nur einsam plätscherte der Brunnen. Der Prinz zog seine Flasche aus dem Reisesack, füllte sie mit dem Wasser und verstaute sie wieder in der Tasche. Dann machte er sich auf die Suche nach seinen Brüdern.

Er durchschritt eine Reihe von Gemächern, ohne eine lebende Seele, die er hätte fragen können, zu sehen. Endlich kam er in die Küche. Dort saß eine alte Frau. »He, alte Hexe, wo sind meine Brüder?« – »Die liegen im Keller, und du wirst bald bei ihnen liegen.« – »Vorher aber mußt du sterben!« rief der Prinz, und er stürzte sich mit dem Degen auf sie. Aber ehe er sie noch berühren konnte, da nahm die Hexe plötzlich die Gestalt seiner eigenen Frau an. Da brachte er es nicht mehr übers Herz zuzustoßen, und er zauderte. »Liebster«, sagte seine Gattin, »ich bin hierhergeeilt, um dir zu helfen.« Und sie umarmte ihn, was er wortlos geschehen ließ. Kaum aber hatten die Lippen der Hexe seine Lippen berührt, da wurde auch er zu Stein. Die Hexe aber klatschte in die Hände und ließ den Prinzen in die Gruft tragen und neben seine Brüder legen.

Es verging ein Jahr, und als der Älteste nicht zurückkehrte, weinte seine Gattin. Und der blinde König wurde schwermütig und schloß sich ein und ließ niemand zu sich kommen. Das Land verfiel langsam mehr und mehr, da sich niemand um die Regierungsgeschäfte kümmerte.

Da ließ sich die Prinzessin, welche die Gattin des Ältesten war, in aller Heimlichkeit Männerkleider bringen, ein Roß satteln, und eines Morgens – ehe die Sonne aufgegangen war – ritt sie heimlich zum Tor hinaus, ohne einer Menschenseele etwas zu sagen. Sie ritt ohne anzuhalten bis zu dem Meere am Ende der Welt. Dort saß ein alter Fischer am Strande und rief: »He, Junger, wo willst du hin?« – »Ich muß zu dem Hexenfelsen, um die gefangenen Prinzen zu befreien, die dort verzaubert sind.« – »Ach, Jungchen«, sagte der Fischer, »das wird dir niemals gelingen. Kehr um! Schon viele habe ich übersetzen müssen, und noch niemand ist wiedergekommen. Die Hexe ist eine Teufelin. Sie kann tausend verschiedene Gestalten annehmen, und sie betört die Herzen aller Männer, gleichgültig, ob sie alt oder jung sind.«

»Nein«, antwortete die Prinzessin, »für mich hat das Leben keinen Sinn mehr, und wenn ich die Prinzen nicht befreien kann, so will ich tot neben ihnen liegen.« – »Was hast du für eine helle Stimme«, sagte der Fischer. »Wenn du nicht in Männerkleidern vor mir stündest, würde ich glauben, daß du eine Frau bist.« – »Väterchen, Ihr habt recht geraten! Wisset denn, daß ich die Gattin eines der Prinzen bin, der zu der Hexeninsel gefahren ist.« – »Was bist du für ein tapferes Mädchen! Und nun willst du ihn befreien?« – »Ja, ihn befreien oder mit ihm sterben.«

Da dachte der Fischer einige Zeit nach, dann sagte er: »Vielleicht kann ich dir helfen. Du mußt wissen, daß sich die Hexe in die Gestalten aller Frauen verwandeln kann, in die sie sich verwandeln will. Sie schaut immer in das Herz der Männer, und dann verwandelt sie sich so, wie die Frau des Herzens jener aussieht. Vielleicht gelingt es dir, sie zu besiegen, nimm nur nichts aus den Händen irgendeines Wesens jenes Schlosses: nichts zu essen und nichts zu trinken!« – »Dank dir, Väterchen! Das will ich tun.«

Da nahm der Fischer ihr Pferd und führte es zu den Pferden der Prinzen, und es stand schon eine ganze Herde im Pferch. Dann ergriff er das Ruder und setzte die Prinzessin über. »Ich werde hier auf dich warten. Gott mit dir!«

Die Prinzessin aber erkletterte in Männerkleidern den Felsen und betrat durch das offene Tor den Schloßhof. Da saß eine junge Frau am Brunnen und sagte: »Junger Held! Wie siehst du hungrig und durstig aus! Wartet, ich werde dir zu essen und zu trinken bringen.« Die Prinzessin aber antwortete nichts, sondern zog ihr Schwert und ging auf die Hexe los. Die suchte in dem Herzen des Ritters zu lesen, aber sie forschte vergeblich nach dem Bild seiner Geliebten, denn er hatte ja keine. Und sie wechselte mehrfach die Gestalt und das Antlitz, aber es nützte nichts, denn das Schwert der Prinzessin fuhr ihr in die Brust und durchbohrte ihr Herz. Erst im Sterben erkannte sie das Geschlecht ihres Mörders, und sie sagte: »Eine Frau ist der Tod!« Und damit hauchte sie ihre Seele aus, wenn sie eine gehabt hat.

Kaum war die Hexe tot, da strömte das Gefolge der Hexe herbei und rief: »Gesegnet seist du, weil du uns erlöst hast. Und nun nimm von dem Zauberwasser, und komm mit uns in die Gruft, denn nur mit dem Wasser kannst du die Verzauberten wieder lebendig machen.« Die Prinzessin tat, wie ihr geheißen. Sie füllte einen großen Krug mit dem Wasser aus dem Zauberbrunnen und stieg in die Gruft hinunter. Und wen sie mit dem Wasser besprengte, der kehrte ins Leben zurück. Und der ganze Schloßhof füllte sich mit Prinzen und Rittern. Der Älteste aber schloß seine Gattin zärtlich in die Arme. Dann füllten alle Helden, die da waren, ihre Gefäße mit dem Zauberwasser und ließen sich an Seilen die felsige Klippe hinunter. Und der Fischer mußte oft rudern, bis er alle übergesetzt hatte. Und sie schenkten ihm viel Gold und Edelsteine dafür, die sie in dem Hexenschloß gefunden hatten.

Unsere drei Prinzen und die Prinzessin aber bestiegen ihre Pferde und ritten in ihr Land zurück. Und als der alte König hörte, seine Kinder seien wieder zurück und hätten ihm von dem Wunderwasser gebracht, da schloß er die Kammer auf, in der er sich eingesperrt hatte. Die Prinzessin berührte seine Augen mit dem Wasser, und er konnte wieder sehen. Da hub ein großes Erzählen an, und der König sagte zu seiner Schwiegertochter: »Du sollst meine Krone haben, aber dein Mann soll regieren. Du sollst jedoch immer die Krone tragen, weil du uns alle gerettet hast.«

Und sie feierten viele Tage hindurch fröhliche Feste.

●

Wir haben zu Beginn des Märchens einen »fast etwas alten« König, eine Königin, von der man nichts hört, als daß es sie gibt, und drei Söhne, von denen der älteste schon verheiratet ist. Die männliche Seite dieses Königshofes ist sehr stark vertreten, die weibliche unbetont. Der König aber, der die traditionelle Geisteshaltung verkörpert, ist *fast* etwas alt. Man scheut sich zuzugeben, daß er alt ist, und alt meint wohl: erstarrt, unbeweglich, der schöpferische Schwung zur Veränderung fehlt. Wir kennen solche Situationen auch: wenn starre Gesetze an die Stelle lebendiger Entwicklung treten, Gesetze, die Zeichen der Unsicherheit und der Angst sind, weil wir uns »fast etwas alt« fühlen, uns also positive schöpferische Veränderungen nicht mehr zutrauen und sie auch den Dingen nicht mehr zugestehen. Deshalb versuchen wir, mit den immer schon angewandten (untauglichen) Methoden die Probleme weiter zu verschleppen. Mit Macht versuchen wir also etwas festzuhalten, was sich nicht mehr von selbst am Leben hält, sich also dringend verändern müßte. Haben wollen, nichts hergeben wollen, nichts loslassen wollen, das sind die tiefsten Interessen des Königs.

Das »fast etwas alt« wird nun dramatisch unterstrichen: Der König wird auch noch blind, und zwar deshalb, weil ihm ein Adler Kot in die Augen fallen läßt. Der Adler gilt als der König der Lüfte; wie alle Vögel steht er für Intuitionen; da er aber ein Raubvogel ist, der seine Beute ergreift und sie verschleppt, wohin er will, sind es wohl sehr herrische Gedanken, die über den alten König herfallen, Machtgedanken am ehesten. Es ist jedoch vielleicht auch zu beachten, daß der Adler in anderen Märchen (vgl. z. B. »Das Höhlentier«[31]) den Helden trägt und ihm den Weg weist, ihm also bei seiner Quest, die ja auch seine Entwicklung darstellt, behilflich ist. In unserem Märchen haben wir aber nicht in erster Linie den Adler, sondern seinen Kot – und zwar in den Augen. Das dürfte recht brennend und ätzend sein – und vor allem: Der König wird blind davon. Etwas geht dem König also ins Auge, und das wird wohl eine Entwicklung bewirken. Man könnte sagen, daß die hochfliegenden, sicher mit Macht verbundenen Pläne des Königs, der ja für ein ganzes System steht, ihn blind machen. Blind – im Gegensatz zu sehend – als Symbol könnte heißen: unbewußt dort, wo Bewußtsein sein sollte, mit Blindheit geschlagen sein; dort nicht sehen, wo es darauf ankäme, daß man etwas sieht. Wenn man blind ist, funktioniert eine wesentliche Verbindung zur Welt nicht mehr: Man kann das Werdende, das, was immer wird, das Verändernde nicht mehr sehen – Gewesenes hingegen hat man gespeichert, das hat man ja gesehen. Blind werden ist ein recht häufiges Traummotiv – es zeigt sich dann immer, wenn die Sicht nach innen aktuell wird. Wir kennen ja auch das Motiv des blinden Sehers, von dem man sagt, daß er – weil er die gewöhnliche Welt nicht sieht – um so mehr die innere, die göttliche Welt sieht und die Weisheit der inneren Welt vermitteln kann. So bleibt dem König einmal nichts anderes mehr übrig, als in sich selbst zu sehen.

Das Bild zeigt aber auch, daß der König an einem entscheidenden Realitätsverlust leidet – und dieses Problem ist nicht mehr zu verheimlichen. Er will aber rasch Abhilfe schaffen, doch nicht etwa, indem er sich verändert, sich neu besinnt, nein, er will den Defekt möglichst schnell wieder loswerden – ohne große eigene Anstrengung.

So einfach ist das aber nicht. Die Ärzte wissen keinen Rat – und dann werden halt die Hexenmeister (!) gerufen. Niemand kann dem König helfen außer einem Hexenmeister, einem Magier. Er weiß von der Hexe auf einer felsigen Insel, auf der das Zauberwasser zu holen ist – bewacht aber von dieser Hexe. Man kann also nur zu diesem Zauberwasser kommen, wenn man die Hexe überwältigt. Dem König fehlt also das Zauberwasser, das in anderen Märchen »Lebenswasser« genannt wird.

Das Lebenswasser ist jenes Wasser, das Todkranke gesund macht, mit dem man Tote wieder belebt oder abgerissene Glieder wieder anwachsen läßt. Dieses Wasser wird aber immer mit dem Einsatz des ganzen Lebens gesucht – und gefunden. Dieses Symbol des Lebenswassers könnte man vielleicht einfach übersetzen mit Lebensstrom. Wenn man das Lebenswasser hat, fühlt man sich getragen vom Lebensstrom, das heißt eingebettet in einen sinnhaften Naturzusammenhang, der sich dadurch auszeichnet, daß er sich immer wieder schöpferisch verändert – ein Zustand des Fließens, des Werdens. Fließendes Wasser ist immer befruchtendes Wasser. Wer das Lebenswasser hat, bei dem würde sich eine Lebenseinstellung zeigen, bei der Bewußtsein und Unbewußtes zusammenfließen, bei der immer wieder neue Impulse eine Ordnung befruchten und umschmelzen. Das Lebenswasser oder das Zauberwasser zu finden heißt, zu einer ursprünglichen Lebendigkeit zurückzufinden.

Der Hexenmeister ist die männliche Entsprechung der Hexe, er weiß Geheimes, er setzt sich mit irrationalen Seiten, mit irrationalen Gegebenheiten auseinander. Es ist wohl jene Seite, die der König verdrängt hat und das Wissen des Unbewußten verkörpert, das, nutzbringend oder schadend, erst dann mit dem Bewußtsein in Verbindung treten kann, wenn dieses blind geworden ist, also notgedrungen sich dieser inneren Welt zuwenden muß, wenn der bewußte Weg, den man eingeschlagen hat, eine hoffnungslose Sackgasse geworden ist. Das Zauberwasser soll nun also geholt werden, das heißt, man soll sich um jene psychischen Inhalte bemühen, die so lange vom Leben ausgeschlossen waren und von denen man sich verspricht, daß sie aus der Sackgasse heraushelfen könnten.

Wo ist das Lebenswasser? Wo ist das, was lebendig ist? Das Lebendige ist auf dem Hexenfelsen im Meer, am Ende der Welt, sieben mal sieben Tagesritte entfernt, was ja wirklich heißt: jenseits von allem, was mit dieser Welt noch zusammenhängt – alles in allem ein Bild für einen abgespaltenen Komplex. Und die Hexe ist auch eine Teufelin. Nun wissen wir aus anderen Märchen, daß die Hexen immer böser werden, je mehr man sie vom realen Leben ausgrenzt. Je näher sie beim realen Leben sind, desto mehr verlieren sie die hexenhaften Züge und werden dann etwa zu weisen Frauen oder zu Kräuterfrauen mit leicht hexenhaften Zügen. Daß dieser Komplex »Lebenswasser« so verhext ist, bedeutet, daß er lange verdrängt worden ist. Das ist die Folge davon, daß der König alles beim alten lassen wollte, die Quelle der Erneuerung abgespalten und offenbar auch den Frauen ihren Wert abgesprochen hat.

Hexen zeigen ihr jeweils einmaliges Gesicht durch ihre Handlungen und ihre Umgebung. Es gibt nämlich viele sich voneinander unterscheidende Hexen. In diesem Märchen ist es eine Hexe, die verwöhnt, die verführt, die versteinert, die Männer betört, sie aber auch prüft, ob sie bei ihrer Aufgabe bleiben oder ob sie sich betören lassen, und die über eine ganz beträchtliche Einfühlung verfügt, bedenkt man, daß sie sich immer in die Gestalt der Liebsten eines Mannes verwandeln kann. Es ist also eine Hexe, die den Männern vorgaukelt, was sie sehen wollen, und sie dadurch betört und gleichzeitig etwas mütterlich Verwöhnendes anbietet. Dann lassen sich die Männer verwöhnen und betören, gehen nicht mehr weiter, versitzen sich und versteinern.

Die Hexe in diesem Märchen ist also auf der einen Seite eine Hüterin der Quelle – und damit gehört sie in den großen Göttinnenkreis der Diana, der Mondgöttinnen, der Wassergöttinnen, der Göttinnen der Lebendigkeit, des Wandels usw., und als solche ist sie auch die Hüterin des Wassers und des Lebenswassers. Aber sie ist auch die, die versteinern kann. Sie gehört auch zum Kreis der Medusa, bei deren Anblick man versteinert. Insofern hat die Hexe ein ganzes Spektrum an Lebensmöglichkeiten zur Verfügung. Dieses Märchen ist denn auch deutlich zwischen den Polen der großen Belebung und der Versteinerung aufgebaut.

Der erste, jüngste Sohn wird betört durch Essen und Trinken. Der ist wahrscheinlich der Mutter noch am nächsten und spricht auf mütterliche Verwöhnung noch an – und wird versteinert. Der zweite Sohn verliert die Wachsamkeit und Wachheit, weil er sich plötzlich verliebt. Bei ihm wird die Wirkung der Faszination am sichtbarsten. Wirkte er beim Fischer noch so entschlossen, die Hexe zu töten, hörte er wohl auch kaum auf die Warnung, nachdem er deutlich verkündet hat, daß er das Zauberwasser für seinen Vater braucht, so verliert er alle Entschlossenheit, als er das schöne Mädchen sieht: Er will sie heiraten und retten!

Die Hexe benimmt sich diesen Männern gegenüber verführerisch: Sie zeigt sich als wunderschönes junges Weib, sie kann sich in die Gestalt aller Frauen verwandeln und verwandelt sich jeweils in die Frauengestalt, die den Mann am meisten fasziniert – in die, die er im Herzen trägt, also in sein faszinierendstes Bild vom Weiblichen, in die Anima im Aspekt der geheimnisvollen faszinierenden Fremden. In diesem Bild äußert sich seine eigene unbewußte weibliche Natur, seine eigenen faszinierend fremden, weiblichen Persönlichkeitskomponenten. Die Hexe verwandelt sich jeweils in diese Animagestalt der Helden, diese entbrennen in Liebe zu dieser Gestalt, und an Kampf ist da vorerst einmal nicht zu denken.

Aber nicht nur das: Den ersten Prinzen hält sie mit den Worten: »Du siehst müde aus, du wirst Hunger und Durst haben.« Sie nimmt also auch noch eine ausgesprochen mütterliche, fürsorgliche Haltung ein – und kaum berührt der Held das Essen, wird er zu Stein. Die Hexe verkörpert also außer der Anima auch noch gleichzeitig die Mutter, die erste Animagestalt des Mannes. Und so fallen die Prinzen ihr in die Arme und damit auch in die Hände und lassen es sich vermeintlich gut gehen. Dabei werden sie zu Stein. Das würde bedeuten, daß die Anima noch weitgehend identisch ist mit dem Mutterkomplex, der hier – wenn man ihm zur Unzeit, wenn der Ichkomplex eigentlich autonom sein sollte, verfällt – verschlingend, einschläfernd, die bewußte Willenskraft versteinernd wirkt.

Der dritte Sohn ist etwas bewußter. Zunächst sieht er die Hexe, aber auch dann wird die Projektion des Bildes seiner eigenen Frau auf diese Frau so stark, daß er nicht mehr zustoßen kann. Alle drei Söhne erliegen einem Trugbild von Beziehung, denn das ist ja nicht Beziehung, sondern Faszination. Sie wissen also nichts über die Kraft dieses Bildes der inneren geheimnisvollen Fremden, des Animabildes. Sie wissen nicht, daß man so ungeheuer fasziniert sein kann und daß es auch wichtig wäre, einmal zwischen sich selbst und die Faszination einen Fuß zu setzen, weil man sich auch von einer Faszination nicht einfach bestimmen lassen soll. Das ist ja dasselbe, wenn wir uns ständig Hals über Kopf verlieben – unglücklich letztlich, weil nicht erwidert – und nicht bemerken, daß es ein inneres Bild ist, dem wir außen kopflos nachrennen. Und selbst wenn uns die von unserer Projektion heimgesuchten Menschen immer wieder signalisieren, daß sie nicht so sind, wie wir sie sehen, geben wir nicht nach, sie wissen es bloß noch nicht, so meinen wir, müssen also von ihrem Glücke überzeugt werden. Das ist nicht Beziehung, auch wenn wir meinen, es sei die idealste Form von Beziehung – es ist Faszination, die bewirkt Hörigkeit.

Es ist ferner wichtig, zwischen innerem Bild und Träger oder Trägerin der Projektion zu unterscheiden. Wir können uns fragen, ob wir den vermeintlich geliebten Menschen überhaupt wahrnehmen. Denn solange wir so heftig unsere Bilder des oder der geheimnisvollen Fremden projizieren, solange nehmen wir einen anderen Menschen in seiner Einzigartigkeit nicht wahr. Das geschieht hier im Märchen, die Prinzen können Frauen nicht in ihrer individuellen Eigenart sehen. Das geschieht dann, wenn wir sehr wenig von unseren Elternkomplexen abgelöst sind. Diese Prinzen scheinen wenig vom Mutterkomplex abgelöst zu sein, man kann sie auch leicht mit Essen und Trinken noch zusätzlich faszinieren, betören und von ihren eigenen Absichten, nämlich dieses Lebenswasser zu holen oder die Hexe zu töten, abhalten. Sie haben wenig Autonomie, dafür aber eine gewisse Paradiesessehnsucht und sind an sich gewillt, den Wunsch des Vaters zu erfüllen. Bei Frauen scheinen sie nur zwischen wunderschönen Frauen und Hexen unterscheiden zu können. Feine, individuelle Unterschiede sind nicht wahrnehmbar: auch das eine Form der Versteinerung, wenn die Frauen entweder nur als sehr schön oder als Hexen gesehen werden können. Immer wieder scheint das Thema der Idealisierung und Entwertung auf bei diesen Märchen über die Liebe, und immer wieder vermitteln die Märchen die Einsicht, daß man von diesen beiden Extrempositionen wegkommen muß, um zu einer wirklichen Beziehung zu finden.

Das Märchen schwenkt dann zurück zum Königshof, und da bietet sich auch ein Bild der Versteinerung: Der blinde König wird schwermütig, schließt sich ein, läßt niemanden zu sich kommen, das Land zerfällt, niemand kümmert sich um die Regierungsgeschäfte. Er leidet nun sichtbar an einer Depression mit Stupor und sozialen Folgen, auch er ein Bild der Versteinerung. Märchen, in denen die Suche nach dem Wasser des Lebens thematisiert wird, sind immer Märchen, die mit Depression und ihrer Überwindung zu tun haben: mit Depression, die von diesen Märchen her gesehen immer dann eintritt, wenn man das Neue, das ins Leben drängt, nicht zuläßt, weil man sich am Alten, vermeintlich Sicheren festhält und die Beunruhigung durch Neues und durch das Unbewußte nicht zuläßt. Der König schließt sich ein, läßt alles verfallen.

Die Frau des Ältesten aber: Sie ist nicht depressiv, sie weint. Depression kann als Abwehr der Trauer gesehen werden.[32] Wenn wir trauern, die Gefühle des Verlustes zulassen, sind wir lebendig und haben auch etwas Energie, um die sich stellenden Probleme anzugehen. Aus dieser Trauer heraus kommt der Entschluß zum heimlichen Aufbruch. Die Frau geht aus einem eigenen Bedürfnis, sie läßt sich nicht schikken; sie, die in eigener Verantwortung und Regie weggeht, zieht Männerkleider an und ist entschlossen, entweder ihren Mann und die Prinzen zu erlösen oder zu sterben. Sie reagiert auch ganz anders beim Fischer als die Prinzen – und er begegnet ihr auch wesentlich wohlwollender. Eine Wechselwirkung wohl. Der Fischer ist symbolisch gesehen einer, der aus dem Unbewußten herausholt, was sich anbietet. Er hat die Verbindung zum Wasser und damit auch die Verbindung zum Hexenfelsen. Der Hexenkomplex ist also doch nicht ganz abgespalten, es gibt zumindest noch einen Zugang dazu. Eine, wenn auch sozial wenig geachtete Seite des Männlichen weiß um diesen Felsen und das Geheimnis. Im Gespräch mit dem Fischer, im Aufnehmen und Ernstnehmen dieser Seite, die er verkörpert, entscheidet sich der Fortgang und die Lösung des Märchens. Sie sagt nicht: »Ich muß das Zauberwasser haben für den König«, sondern: »Ich muß die Prinzen befreien.« Es ist bei ihr also ein persönliches Anliegen, nicht ein Gebot des Vaters; sie reagiert aus Bezogenheit heraus, aus der Beziehung heraus. Die Beziehung ist ihr wichtig und nicht, daß sie dieses Lebenswasser hat. Das Märchen suggeriert dann am Ende allerdings doch, daß eine lebendige Beziehung dem Lebenswasser entspricht. Auch spricht sie hier deutlich an, daß sie bereit ist, Leben und Tod zu akzeptieren, daß sie ihr Leben riskiert, um die Prinzen und damit die Beziehung zu retten.

Man kann sich natürlich fragen, warum sie in Männerkleidern geht. Das ist ganz einfach auch ein Schutz. Ich kann mir schlecht vorstellen, daß man in Frauenkleidern des 18. Jahrhunderts hätte 49 Tage reiten können. Sie geht in einer männlichen Rolle, sie benimmt sich auch wie ein männlicher Held, ohne sich letztlich damit zu identifizieren.

Der Fischer nun geht mit ihr ganz anders um als mit den drei Söhnen. Er wirkt bei ihr eher wie ein alter Weiser. Er macht sie aufmerksam auf das Wesen der Hexe und auch auf die Beziehungsform der Männer, wenn er sagt, sie könne sich in jede Frau verwandeln, und die Männer seien dann fasziniert. Der Fischer gibt eigentlich eine Diagnose über die Beziehungsform dieser Prinzen, die da schon versteinert sind: Sie sind nicht bezogen, sondern sie lassen sich betören. Auch sie soll aufpassen, sie soll nichts essen und nichts trinken. Bei ihr wäre die Verführung offenbar die, daß sie sich mütterlich verführen ließe: sich wohlsein lassen, sich in eine

Abhängigkeit hinein begeben. Das wäre verständlich, immerhin ist sie sieben mal sieben Tage geritten. Mögen auch die Märchentage gelegentlich schneller vergehen als unsere Tage, so müssen wir diese Zeitdimensionen doch ernst nehmen als Zeichen für einen großen Aufbruch. Der Fischer stellt also bei ihr die Diagnose, sie könnte auf Verwöhnung ansprechbar sein und dann in einer Verwöhntheitssituation sitzen bleiben; er sieht die Gefahr, daß sie, kurz bevor das Problem endgültig gelöst wird, es sich wohl sein lassen könnte – und dann bliebe alles beim alten. Das wäre dann verhext. Bliebe sie bei der Hexe, dann würde sie selber zur Hexe, dann würde sie von diesem Hexenkomplex besetzt und bestimmt. Nichts annehmen heißt: bloß nicht so werden wie die Hexe, bloß nicht sich gleichmachen mit der Hexe, sondern dieses Hexenproblem jetzt sehen und auch energisch bekämpfen. Daß es ihr gelingen wird, deutet der Fischer an, indem er ihr sagt, er werde auf sie warten.

Im Schloßhof spielt sich die entscheidende, außerordentlich lebendige Szene ab. Die Hexe verwandelt sich rasant von einer Frau in die andere. Nichts greift – das könnte darauf hinweisen, wie viele innere Bilder des Weiblichen eine Frau in sich trägt. Diese Kunst des Gestaltwandels der Hexe ist großartig – sie ist eine echte Verwandlungskünstlerin. Es hilft nicht. Erst im Tod erkennt sie, daß eine Frau ihr Tod ist.

Das bedeutet, daß diese Haltung der Hexe, sich in alle möglichen Frauen zu verwandeln, nur von einer Frau überwunden werden kann. Die Männer scheinen ihr zu verfallen. Die Frau aber benimmt sich ausgesprochen konzentriert, sie sagt kein Wort, sie ist extrem abgegrenzt, ganz aufgabenorientiert. In der Situation, in der die Männer sich ablenken lassen, ist sie ganz auf ihre Aufgabe konzentriert und stößt mit dem Schwert zu. Das heißt, sie durchdringt das Problem, sie grenzt sich ganz klar aggressiv ab. Die Hexe in dieser Form, wie sie sich im Märchen zeigt, mußte eliminiert werden. So durfte es nicht mehr weitergehen. Das ist die Quintessenz des Arbeitens an einem destruktiven Komplex. Sobald diese Hexe tot ist, fängt auch alles an überzuströmen vor Lebendigkeit. Da ist das Zauberwasser oder das Lebenswasser wieder da, da kann man wieder das Leben mit vollen Händen ergreifen und schmecken und in den Alltag zurückbringen.

Warum hatte die Prinzessin Erfolg? Weil sie eine Frau ist, wie das Märchen uns suggeriert, oder weil sie Leben und Tod akzeptieren konnte? Sie hatte sehr deutlich gesagt: »Entweder will ich sie erlösen, oder ich will mit ihnen sterben.« Der fast alte König am Anfang konnte den Tod nicht akzeptieren, sondern nur das Leben. Das Lebenswasser zu haben heißt aber immer, Leben und Tod akzeptieren zu können, denn das Lebenswasser kann nicht fließen, wenn immer alles nur am Leben bleiben muß. Der Kreislauf von Leben und Tod, von Wandlung muß gewährleistet sein. Natürlich lassen wir nicht gerne los, lassen wir nichts gerne sterben, was uns noch lieb ist. Aber gerade dann bleibt das Leben lebendig, wenn wir auch immer wieder etwas sterben lassen.

Die Belebung im Märchen ist auch daran ersichtlich, daß das ganze Gefolge strömt, daß alle Versteinerten zurückverwandelt werden, daß letztlich nichts mehr versteinert ist.

Was heißt es nun psychologisch, diese Hexe zu töten, aggressiv gegen diesen destruktiv wirkenden Hexenkomplex vorzugehen? Die Hexe verkörpert eine ganz bestimmte Haltung den Männern und auch dem Männlichen gegenüber, die sehr leicht eingenommen wird, wenn das Weibliche zu sehr verdrängt und entwertet wird. Hexe, Teufelin, in die-

Namen zeigt sich ja eine ungeheuere Entwertung; das heißt, vor den Frauen und vor dem Weiblichen besteht große Angst. Nicht zuletzt Angst, weil die Männer nicht mehr damit in Beziehung stehen.

Die weibliche Haltung, die aus dieser Situation der Entwertung resultiert, und die uns ja auch heute noch nicht unbekannt ist, ist deutlich mit der Haltung der Hexe in diesem Märchen zu vergleichen: Frauen zeigen sich dann den Männern gegenüber mütterlich; das heißt auch, sie erlauben ihnen, ein Leben lang im Mutterkomplex zu verweilen, bemuttern sie und spielen ihnen zudem das Bild von Frau jeweils vor, das die Männer wollen oder brauchen, das sie fasziniert. Die Frauen sind identifiziert mit Bildern, aber sie sind nicht in Kontakt mit ihrem eigenen Selbst, sie finden nicht zu sich selbst und nehmen den Konflikt nicht auf sich, wenn das Bild des Mannes von der faszinierenden Frau und ihre eigene Erfahrungs- und Ideenwelt sich nicht decken: Sie werden Verwandlungskünstlerinnen – und verlieren sich dabei. Sie betören den Mann, faszinieren ihn, zwingen ihn aber nicht zur Auseinandersetzung, auch nicht dazu, das innere Animabild mit der realen, konkreten Frau zu vergleichen, Unterschiede zu sehen und in eine lebendige Beziehung zur Frau einzutreten, die beinhaltet, daß der Mann auch die Bedürfnisse der Frau hört, sieht und respektiert. Das Verhexte daran ist, daß man den Männern scheinbar die ganze Macht gibt, aber eigentlich bleiben sie bei der ganzen Geschichte versteinert, es handelt sich also um eine versteinerte Macht. Das Märchen legt nahe, daß die Frauen diese Haltungen ablegen müssen, damit die Lebensquelle zugänglich wird, damit auch die Beziehungen wieder lebendig werden.

Im Märchen hat das Zurückholen der Lebendigkeit auch eine Konsequenz am Königshof: Der König sieht wieder und dankt trotzdem ab. Was am Anfang als Problem gesehen wurde, daß er nicht loslassen kann, ist kein Problem mehr, jetzt kann er loslassen. Das ist eine bemerkenswerte Veränderung: Wir können ja sehr viel leichter aus dem Gefühl der Lebendigkeit heraus loslassen als aus dem Gefühl der Versteinerung heraus. Wenn wir das Gefühl haben, schon gar nicht mehr lebendig zu sein, dann können wir nicht auch noch etwas loslassen, denn dann hätten wir – so meinen wir wenigstens – gar nichts mehr. Aus dem Gefühl heraus, lebendig zu sein, in der Fülle des Lebens zu stehen, die sich nicht so leicht erschöpft, können wir auch loslassen.

Eine weitere Konsequenz: Die Prinzessin soll die Krone tragen – das Zeichen der Macht und der Wertschätzung –, und der Mann soll regieren. Das kann man nun natürlich auch böse dahingehend interpretieren, daß sie symbolisch die Krone tragen darf und er trotzdem das Sagen hat. Denken wir aber märchenimmanent, dann heißt das, daß die Frau als Frau, und nicht als Frau eines Mannes, eine große Wertschätzung erfährt. Sie hat zudem eine wichtige Position inne: Sie ist die Trägerin des Herrschersymbols. Mann und Frau sind beide in die Macht eingesetzt, beide haben ihre eigene Wertigkeit. Dieses Zurückbringen des Lebenswassers bewirkt also auch an diesem Königshof, daß die Stagnation aufgehoben wird, daß die Depression weicht, daß das Leben wieder gelebt werden kann und daß man nicht mehr blind für das Lebenswasser ist. Liebe kann auch heißen, einen destruktiv wirkenden Komplex, der die Beziehung blockiert, zu bearbeiten.

Abschliessende Bemerkungen

Bei der Auswahl dieser Märchen fällt auf, daß in ihnen allen ein Vaterkomplex dominierend ist. Dieser Vaterkomplex war ursprünglich positiv, das heißt, er förderte und bestätigte das kindliche Ich oder bestimmte es zumindest. Da aber eine zu lange Bindung an den persönlichen Vater stattgefunden hatte, oder anders ausgedrückt, sich der Ichkomplex zu wenig aus dem Vaterkomplex herausdifferenziert hatte, wirkten diese Vaterkomplexe in ihrer jeweiligen Eigenart zunächst hemmend auf die Beziehungsfähigkeit. Etwas anders verhält sich die Situation beim »Eselein«, dieses verläßt den Vater rechtzeitig, bleibt aber dennoch auch im Bereich der Väter.

Selbstverständlich gibt es neben diesem dominierenden Vaterkomplex immer auch einen Mutterkomplex, der in den verschiedenen Märchen auch verschiedene Ausprägungen hat. Mit Vater- und Mutterkomplex in Auseinandersetzung steht immer der Ichkomplex, das heißt, das Thema der Selbstwerdung ist immer zentral, gerade in der besonderen Färbung, die die jeweiligen Elternkomplexe auf den Ichkomplex haben.

In diesen von mir ausgewählten Märchen ging es darum zu zeigen, welche speziellen Probleme mit dominierendem Vaterkomplex sich für die Beziehungsfähigkeit ergeben. Es wäre nun natürlich ein großer Irrtum zu glauben, daß sich nur mit dominierenden Vaterkomplexen Beziehungsschwierigkeiten ergeben. Diese zeigen sich durchaus auch bei dominierenden Mutterkomplexen: Diese habe ich zum Teil bereits sichtbar gemacht, exemplarisch zeigen sie sich zum Beispiel in »Jorinde und Joringel«[33] oder in den Märchen »Der Pfiffigste«[34] oder »Die Blume des Glücks«[35].

Niemand entgeht der Prägung durch Vater- und Mutterkomplexe, niemand entgeht der Anforderung, er bzw. sie selbst zu werden, den Ichkomplex zu entwickeln. Vater- und Mutterkomplexe entwickeln sich aus den Erlebnissen, den Phantasien und den Erwartungen, die wir mit Vater und Mutter verbinden und verbunden haben, sie stehen also immer schon in einem Zusammenhang mit dem kindlichen und später in geringerem Ausmaß auch mit dem erwachsenen Ich. Dominiert der eine Komplex, dann wirkt der andere mehr im Untergrund.

Jede Komplexkonstellation hat gewisse Hemmungen zur Folge, besonders auch im Bereich der Beziehungen. Daß diese aufgenommen werden können, trotz aller Schwierigkeiten, zeigen diese hier ausgewählten Märchen und viele andere auch. Dadurch ermutigen sie uns. Jede Komplexkonstellation gibt aber auch bestimmte Fähigkeiten, rückt bestimmte Lebensthemen in den Vordergrund, stellt gewisse Entwicklungsaufgaben und enthält auch gewisse Entwicklungsmöglichkeiten.

Anmerkungen

1 Vgl. *Liebe und Eros im Märchen*, S. 20 ff.
2 *Die Teufelsflöte*, russisches Volksmärchen.
3 Jung, *Das Geheimnis der Goldenen Blüten*, S. 12.
4 Kast, *Paare*.
5 Kast, *Märchen als Therapie*, besonders Schlußkapitel.
6 Kast, *Imagination als Raum der Freiheit*.
7 Russisches Volksmärchen.
8 Kast, *Loslassen und sich selber finden*, S. 71 ff.
9 Kast, *Die Dynamik der Symbole*, S. 44 ff.
10 Riedel, *Demeters Suche*.
11 Kast, *Paare*, S. 19 ff.
12 Kast, *Freude, Inspiration, Hoffnung*.
13 *Grimms Märchen*.
14 Kast, *Wege zur Autonomie*, S. 15 ff.
15 Kast, *Freude, Inspiration, Hoffnung*.
16 Adler, Alfred, *Studie über Minderwertigkeit von Organen*.
17 Kast, *Die Dynamik der Symbole*, S. 242 ff.
18 Vgl. Das singende springende Löweneckerchen. In: Kast, *Mann und Frau im Märchen*, S. 77 ff.
19 Kast, Vom Kalberlkönig. In: *Familienkonflikte im Märchen*
20 Kast, *Paare*, S. 19 ff.
21 Kast, *Paare*, S. 15.
22 Kast, *Das Paar – Mythos und Wirklichkeit*, S. 26 ff.
23 Norwegisches Märchen.
24 Kast, *Imagination als Raum der Freiheit*.
25 Vgl. Ammann, *Traumbild Haus*.
26 Dieses Märchen stammt aus Pommern. In pommerschen Märchen wird oft die Türkei erwähnt, wobei die Türkei wohl das ganz und gar fremde Land meint, das weit weit fort ist, das nur in langen, mühsamen Reisen erreicht werden kann.
27 Gehrts, *Das Märchen und das Opfer*.

28 Kast, *Loslassen und sich selber finden*, S. 71 ff.
29 Kast, *Entwurzeln – Verwurzeln*.
30 Märchen aus Mallorca.
31 Guenther, *Das Höhlentier*, S. 94 ff.
32 Kast, *Trauern / Loslassen*.
33 Kast, *Wege aus Angst und Symbiose*.
34 Kast, *Mann und Frau im Märchen*.
35 Kast, *Wege zur Autonomie*, S. 44 ff.

Literatur

Adler, Alfred (1977): *Studie über Minderwertigkeit von Organen*, (1907), Fischer, Frankfurt.
Ammann, Ruth (1987): *Traumbild Haus*, Walter, Olten.
Gehrts, Heino (1967): *Das Märchen und das Opfer. Untersuchungen zum europäischen Brüdermärchen*, Bouvier, Bonn.
Guenther, J. (ed.) (o.J.): *Das Höhlentier. Russische Volksmärchen*, Hamburg.
Jung, Carl Gustav (1929): *Das Geheimnis der Goldenen Blüte. Ein chinesisches Lesebuch*, Rascher Verlag, Zürich und Stuttgart.
Kast, Verena (1982): *Trauern. Phasen und Chancen des psychischen Prozesses*, Kreuz, Stuttgart.
– (1982): *Wege aus Angst und Symbiose – Märchen psychologisch gedeutet*, Walter, Olten.
– (1983): *Mann und Frau im Märchen. Eine psychologische Deutung*, Walter, Olten.
– (1984): *Familienkonflikte im Märchen. Eine psychologische Deutung*, Walter, Olten.
– (1984): *Paare. Beziehungsphantasien oder Wie Götter sich in Menschen spiegeln*, Kreuz, Stuttgart.
– (1985): *Wege zur Autonomie. Märchen psychologisch gedeutet*, Walter, Olten.
– (1986): *Märchen als Therapie,* Walter, Olten; dtv 15055, München.
– (1988): *Imagination als Raum der Freiheit. Dialog zwischen Ich und Unbewußtem*, Walter, Olten.
– (1988): Das Paar – Mythos und Wirklichkeit. In: Pflüger, P. M. (Hrsg.): *Das Paar. Mythos und Wirklichkeit. Neue Werte in Liebe und Sexualität*, Walter, Olten.
– (1990): *Die Dynamik der Symbole. Grundlagen der Jungschen Psychotherapie*, Walter, Olten.
– (1991): *Freude, Inspiration, Hoffnung*, Walter, Olten.

– (1991): *Loslassen und sich selber finden. Die Ablösung von den Kindern*, Herder Spektrum, Freiburg, Basel, Wien.
– (1991): Entwurzeln – Verwurzeln. Trauerprozesse bei Umbrüchen. In: Pflüger, P. M. (Hrsg.): *Abschiedlich leben. Umsiedeln – Entwurzeln – Identität suchen*, Walter, Olten.
Riedel, Ingrid (1986): *Demeters Suche. Mütter und Töchter*, Kreuz, Stuttgart.
Die Teufelsflöte. In: *Russische Volksmärchen* (1959), Nr. 47, Eugen Diederichs Verlag, Düsseldorf–Köln, S. 253–257.
Liebe und Eros im Märchen (1988): *Veröffentlichung der Europäischen Märchengesellschaft*, Bd. 11, Erich Röth-Verlag, Kassel.
Schweinehaut. In: Afanasjew, A. N. (1985): *Russische Volksmärchen*, Winkler, München, S. 669–672.
Das Eselein. In: *Grimms Märchen* (1986), Nr. 144, vollständige Ausgabe, Bd. 2, Manesse, Zürich, S. 316–321.
Der Grüne Ritter. In: *Die Kormorane von Ut-Röst. Norwegische Märchen* (1965), J. Ch. Mellinger-Verlag, Stuttgart.
Der Pilger. In: Jahn Ulrich (1891): *Volksmärchen aus Pommern und Rügen, Norden und Leipzig*, zitiert in: Blaschek, Ulrike (Hrsg.): *Märchen der Welt. Märchen von Liebe und Eros*, Fischer Tb, Frankfurt a/M, S. 45–55
Die Frau, die auszog, sich ihren Mann zurückzuerobern. In: *Märchen aus Mallorca* (1968), Nr. 30, Eugen Diederichs, Düsseldorf–Köln.

Weitere Titel aus dem Königsfurt Verlag

Chr. Trutschel / H. Neumann (Hg.): Von wegen Gene. Über die Stärken von Behinderung und die Schwächen des Fortschritts. Mit Beiträgen v./üb. Hanns Dieter Hüsch, Erwin Aljukic, Christian Judith, Roger Willemsen, Michel Petrucciani u. v. a. ISBN 3-89875-000-0.

Abschied vom Ego-Kult. Die neue soziale Offenheit. Mit Beiträgen von Horst-Eberhard Richter, Gerhard Schröder, Ulrich Beck, Heiner Keupp, Helmut Klages u. a. ISBN 3-933939-00-3. *Wertewandel und neue Wege.*

Heidi Staschen / Thomas Hauschild: Hexen. ISBN 3-89875-001-9. *Das Kultbuch. Seltene Fülle an Informationen & Abbildungen.*

Wolfgang Kleespies: Licht am Ende des Tunnels. Vom Sinn der Depression. ISBN 3-89875-017-5.

Monika Specht-Tomann / Doris Tropper: Zeit des Abschieds. Sterbe- und Trauerbegleitung. ISBN 3-89875-018-3. *Aus der Hospizbewegung.*

Wolfgang Körner: Meine Frau ist gegangen. Männer erzählen von Trennung und dem Leben danach. ISBN 3-89875-019-1. *Mit Selbsthilfeprogramm.*

Gertrud Ennulat: Ich will dir meinen Traum erzählen. Mit Kindern über Träume sprechen. ISBN 3-89875-014-0.

Wolfgang Schmidbauer: Mythos und Psychologie. ISBN 3-89875-016-7. *Olymp, Odysseus, Ödipus ...*

Marie-Louise v. Franz: C. G. Jung. Leben, Werk, Visionen. ISBN 3-89875-011-6.

Im Buchhandel erhältlich.

Weitere Titel aus dem Königsfurt Verlag

Frederik Hetmann: Die Reise in die Anderswelt.
Feengeschichten und Feenglaube in Irland.
ISBN 3-89875-009-4. Mit »Who is Who der Anderswelt«.

Frederik Hetmann: Büffelfrau und Wolfsmann.
Märchen, Mythen und Legenden
der nordamerikanischen Indianer.
ISBN 3-89875-008-6.

Frederik Hetmann: Das Indianerlexikon.
Die Welt der ersten Amerikaner von A–Z.
ISBN 3-89875-010-8. *Umfassendes Nachschlagewerk.*

Verena Kast: Liebe im Märchen.
ISBN 3-89875-012-4. *Psychologische Märcheninterpretationen.*

Hans Dieckmann: Gelebte Märchen.
Lieblingsmärchen der Kindheit.
ISBN 3-89875-015-9. *Märchen als Lebenshilfe.*

Ulrich Magin: Ausflüge in die Anderswelt.
ISBN 3-933939-25-9. *Bedeutungen rätselhafter Phänomene.*

Alfons Rosenberg: Zeichen am Himmel.
Das Weltbild der Astrologie.
ISBN 3-89875-013-2. *Christlich-humanistische Astrologie.*

Pierre Niccart: Der Zauberladen. Du bist was du vergißt.
ISBN 3-933939-23-2. *Das Erlebnisbuch.*

Barbarina Boso: Die Kunst des Loslassens.
ISBN 3-89875-021-3. *Reihe: Bewusster leben.*

Winfried Hille: Die Kunst des Neuanfangs.
ISBN 3-89875-024-8. Reihe: *Bewusster leben.*

Im Buchhandel erhältlich.

Märchen & Märchendeutung bei Königsfurt

Verena Kast: Liebe im Märchen.
ISBN 3-89875-012-4
*Fünf meisterhafte Märcheninterpretationen
über die Liebe, ihre Gefährdungen und ihr Gelingen.*

**Hans Dieckmann: Gelebte Märchen.
Lieblingsmärchen der Kindheit.**
ISBN 3-89875-015-9
*Märchen als wichtige Orientierung, als bewußte
und unbewußte Lebensmotivation und Leitstern.*

**Hans Dieckmann: Der Zauber aus 1001 Nacht.
Märchen und Symbole.**
ISBN 3-933939-09-7
*Der Zauber der orientalischen Märchen
mit tiefenpsychologischer Methodik gedeutet.*

Frederik Hetmann: Madru oder Der große Wald.
Buch: ISBN 3-933939-08-9
Baum-Tarot-Karten: ISBN 3-933939-31-3
Set mit Buch, Karten und Baumsamen
für den ersten eigenen Wald: ISBN 3-933939-29-1
*Ein wunderschönes Märchen zum Lesen und Spielen,
in dem wir etwas von uns, unseren Ängsten
und anderen in uns verborgenen Kräften erfahren.*

**Frederik Hetmann: Märchen und Märchendeutung
erleben & verstehen.**
ISBN 3-933939-02-X
*Spannend und geistreich informiert
der bekannte Märchenexperte über die
wesentlichen Aspekte der Märchendeutung.*